梅花易彙通

隨盦郭九平書

郭和杰——著

自序

梅花易有著與《周易》一樣的內在靈魂，而且很容易入門。不但是學習占筮的很好起點，也是研習《周易》的絕佳輔翼。

一般認為《周易》占筮用的是卦爻辭，殊不知，卦爻辭源自於象，因此《周易》的內在原理最終仍要歸本於八卦卦象，觀《左傳》與《國語》所載的春秋占例就可見其概要。從八卦的占筮方法來說，梅花易與《周易》是共通而一脈相承的。

通常學易者在運用《周易》占解時，最困難的地方在於吉凶大方向很難掌握。梅花易以「體用」的分析框架，融合五行生剋與《周易》八卦，讓卦象的吉凶判斷變得非常容易，解決了初學者在這方面常有的困惑。同時梅花易也完整保留《周易》關鍵的內涵，在一些無關吉凶的占斷上，可完全不看五行生剋，這時的梅花易與《周易》毫無二致，完全是就卦爻辭再加上八卦的推演在做占斷。

正統《周易》占筮又有一個嚴重問題，基礎的占斷方法人言言殊，莫衷一是。這是因為《周易》占法基本上是一個失傳的絕學，今人所能窺見者只是一個粗略的框架。相較之下，梅花易簡單易學，我們過往的教學經驗，真的可以在一天之內將學生帶領入門。而占斷方法也較《周易》明確，雖然梅花易占斷法還是有些混雜，但仍是「亂中有序」，有一個清楚脈絡可尋。

本書內容分兩大部份，篇首是以現代白話文所撰寫的教學文章，從最基本的陰陽、八卦開始，詳細解說梅花易的起卦法、原理，占解實例等。第二部份則是梅花易原文。

《梅花易數》並不是一本有系統的著作，也不是一般人所宣稱的，邵雍所寫，比較像是後人編纂當時一些江湖秘技而成，因此內容相當雜亂，方法更是駁雜不一，單單一個起卦法就很難求得一致。但基本上整本書仍是有個框架與基本脈絡可尋。

本書前半段的教學文章融貫全本梅花易的內容，異中求同之後，取其「亂中有序」的原則，為梅花易建立起一套更為明確而有系統的方法學，以做為一般人學習梅花易的基礎。這部份雖是引領初學者進入梅花易的很好入門教材，讓駁雜的梅花易有理可尋，但梅花易精神應該是自由而具有無限想像的，明析的原則不應該成為束縛的框架。

對於長遠而深入的學習，還是要回歸到梅花易原典。因此筆者也在原文的校對與編排上下了很多功夫，除了比對市面上幾個不同版本，詳細進行校對之外，也重新句讀、編排。特別是有許多以詩體寫成的篇章，坊間舊本多數沒有做好分段與排版，本書將其重新編排後，重現其詩體原貌。而原書有些可能錯誤或爭議的地方，則會以小字加註。

對於初學者來說，本書有完整而簡易的教程，從最基礎的陰陽觀念到最玄虛難以掌握的心法。對於梅花易的進階使用者來說，除了筆者深入研究的理論可供參酌之外，本書對梅花易原文的校對工程也是空前的，是深入研究梅花易的最佳工具。

郭和杰　於丁酉年蒲月

目次

卷二：體用生剋篇

卷三：斷占總訣篇

卷四：拆字篇上

基礎

認識陰陽與卦象

梅花易占筮使用和《易經》一樣的六十四卦卦象，在開始學梅花易之前，必需先對陰陽及卦象有基本的認識。

易經總共有六十四卦，每一卦都由六畫陰陽所構成。每一畫陰陽都稱作「爻」（讀作搖）。陽爻畫作—，陰爻畫作--。

爻位順序是由下往上算，最下面是初爻，再往上為二，然後是三、四、五，最上面不稱六而是上。每一爻位的陰陽則會以六和九來稱呼。如圖，乾卦最下一爻為初九，第二爻為九二。坤卦最上爻為上六，第五爻為六五。其餘以此類推。

解讀或記憶卦象時，可以將每一卦拆分為

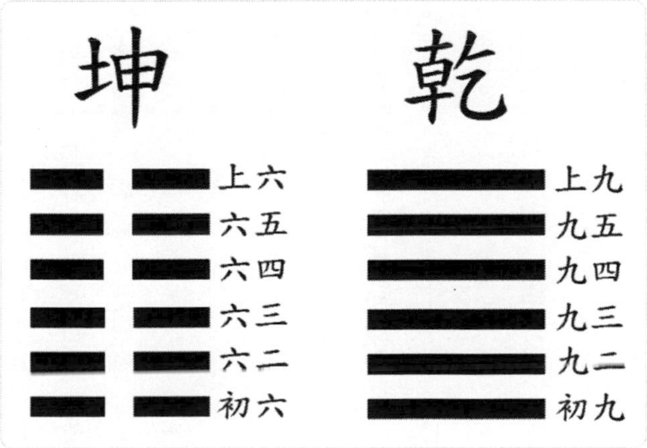

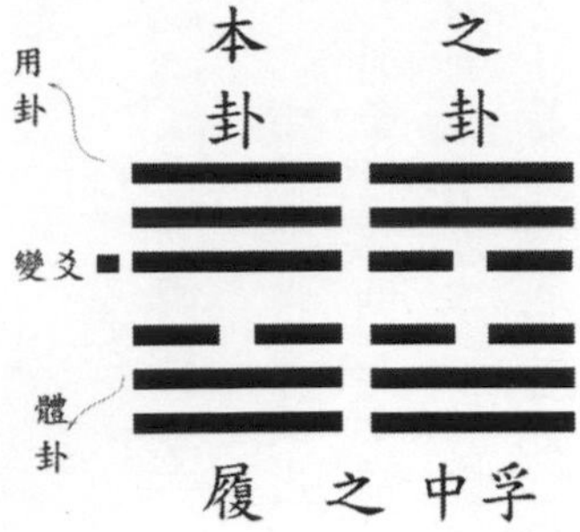

上下兩個「八卦」，上面稱上卦或上體，下面為下卦或下體。然後就可以利用《六十四卦表》及口訣，像背誦九九乘法一樣記憶六十四卦。如圖，是履卦，上卦☰為乾，下卦☱為兌。乾為天，兌為澤，記憶口訣就是「天澤履」。

梅花易起卦一定都有一個變爻，變爻的陰陽會改變而變出另一卦。原本的卦象是「本卦」，變爻陰陽改變之後的卦為「之卦」。如圖，左邊履卦為本卦，九四陽爻變成陰之後，成右邊的之卦，即中孚卦。這一卦的標準說法為「履之中孚」。

變爻也會決定一卦的「用卦」和「體卦」，即「體用」關係。如圖，變爻九四在上卦，變爻代表作用，因此上卦乾☰為「用卦」，下卦兌☱為「體卦」，代表的是承受作用的本體。之卦的上卦巽☴是「變卦」。占解時就以用卦五行對體卦的生剋來決定吉凶。

能夠影響體卦的除了用卦之外，還有變卦和互卦。

互卦又稱互體，就是存在於上卦和下卦中間的兩個八卦。二、三、四爻成一卦，三、四、五爻又成一卦。以履之中孚為例，用卦是乾，體卦是兌，變卦是巽。本卦的二、三、四爻得到一個離卦☲，因為兩個互卦中它比較靠近體卦，所以又稱「體互」。三、四、五爻得到巽卦☴，這個互卦又名「用互」，因為它比較靠近用卦。

履之中孚

用卦、互卦，還有變卦，有時也合稱「他卦」，意思是說，這是體卦之外的的其他卦象。至於他卦如何影響體卦，請詳見本書的〈占解要訣〉。

原則上占解時只在本卦中取互卦，雖有極少數占例會使用之卦中的互卦，但畢竟是例外。對於初學者，建議只在本卦中看互卦即可。或者本卦為乾、坤時，則可改由之卦取互體。

六十四卦表

	8 ☷ 地	7 ☶ 山	6 ☵ 水	5 ☴ 風	4 ☳ 雷	3 ☲ 火	2 ☱ 澤	1 ☰ 天
☰ 1 天	11 泰	26 大畜	05 需	09 小畜	34 大壯	14 大有	43 夬	01 乾
☱ 2 澤	19 臨	41 損	60 節	61 中孚	54 歸妹	38 睽	58 兌	10 履
☲ 3 火	36 明夷	22 賁	63 既濟	37 家人	55 豐	30 離	49 革	13 同人
☳ 4 雷	24 復	27 頤	03 屯	42 益	51 震	21 噬嗑	17 隨	25 無妄
☴ 5 風	46 升	18 蠱	48 井	57 巽	32 恒	50 鼎	28 大過	44 姤
☵ 6 水	07 師	04 蒙	29 坎	59 渙	40 解	64 未濟	47 困	06 訟
☶ 7 山	15 謙	52 艮	39 蹇	53 漸	62 小過	56 旅	31 咸	33 遯
☷ 8 地	02 坤	23 剝	08 比	20 觀	16 豫	35 晉	45 萃	12 否

六十四卦卦名背誦口訣　請對照六十四卦表

乾為天	天澤履	天火同人	天雷无妄	天風姤	天水訟	天山遯	天地否
澤天夬	**兌為澤**	澤火革	澤雷隨	澤風大過	澤水困	澤山咸	澤地萃
火天大有	火澤睽	**離為火**	火雷噬嗑	火風鼎	火水未濟	火山旅	火地晉
雷天大壯	雷澤歸妹	雷火豐	**震為雷**	雷風恒	雷水解	雷山小過	雷地豫
風天小畜	風澤中孚	風火家人	風雷益	**巽為風**	風水渙	風山漸	風地觀
水天需	水澤節	水火既濟	水雷屯	水風井	**坎為水**	水山蹇	水地比
山天大畜	山澤損	山火賁	山雷頤	山風蠱	山水蒙	**艮為山**	山地剝
地天泰	地澤臨	地火明夷	地雷復	地風升	地水師	地山謙	**坤為地**

起卦法

先天卦以先天八卦數起卦。如丙申年十二月初九日午時，上卦數為9（申年）＋12＋9得30，除以8餘數為6，為坎水☵。下卦數30＋7（午時）得37，除以8餘數為5，為巽風☴。上卦對卦表上方橫行，下卦對右邊縱列，這一卦為水風井卦䷯。37同時作變爻數，除以6餘1，變爻在初，下卦巽風變為乾天☰，之卦為水天需卦䷄。

先天八卦

先天八卦又稱伏羲八卦，源自於陳摶的圖書象數之學，由宋朝邵雍傳於世。邵雍師事李之才（挺之）得河圖、洛書，及伏羲八卦和六十四卦圖。李之才獨得穆脩真傳，穆脩受易自種放，種放傳承自陳摶。

先天八卦次序圖是根據《繫辭傳》「易有太極，是生兩儀，兩儀生四象，四象生八卦」的陰陽生成次序排列而成，並可由此推得八卦的先天數：乾一，兌二，離三，震四，巽五，坎六，艮七，坤八。

在梅花易的先天起卦法裡，必需先取得數，再以先天八卦數將數轉為象。第一數當上卦，第二數當下卦，就可得到一卦。

在後天起卦法裡，在取得卦象之後，利用先天八卦數，分別將上卦及下卦的卦象轉為數，將兩數相加，再加上起卦的時間數，就可得到變爻之數。

關於先天八卦數的運用，詳見起卦法篇章。

先天八卦次序圖

先天八卦方位圖

《繫辭傳》：「易有太極，是生兩儀，兩儀生四象，四象生八卦。」邵子曰：「一分為二，二分為四，四分為八也。」「乾一，兌二，離三，震四，巽五，坎六，艮七，坤八。自乾至坤，皆得未生之卦，若逆推四時之比也。六十四卦次序放此。」

《說卦傳》：「天地定位，山澤通氣，雷風相薄，水火不相射，八卦相錯。數往者順，知來者逆。」邵子曰：「乾南坤北，離東坎西。震東北，兌東南，巽西南，艮西北。自震至乾為順，自巽至坤為逆。後六十四卦方位放此。」

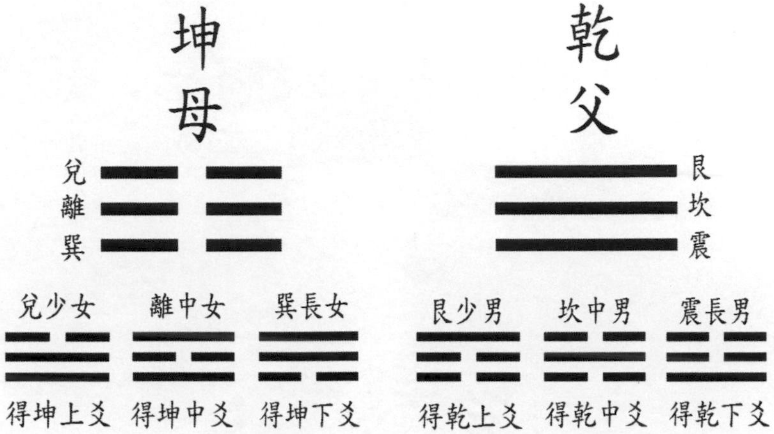

後天八卦

後天八卦又稱文王八卦，分次序圖和方位圖。

次序圖是依據「乾坤六子」的人倫尊卑排列而成，記載於《說卦傳》：

☰ **乾**，天也，故稱乎**父**。

☷ **坤**，地也，故稱乎**母**。

☳ **震**，一索而得男，故謂之**長男**。

☴ **巽**，一索而得女，故謂之**長女**。

☵ **坎**，再索而得男，故謂之**中男**。

☲ **離**，再索而得女，故謂之**中女**。

☶ **艮**，三索而得男，故謂之**少男**。

☱ **兌**，三索而得女，故謂之**少女**。

後天八卦次序圖是記憶八卦卦象的最佳方法。六子包含了三男三女。一陽兩陰之卦為男卦，再以陽爻位置來定長少，陽爻在初為長男震☳，在中為中男坎☵，在上為少男艮☶。一陰二陽之卦為女卦，陰爻在初為長女巽☴，在中為中女離☲，在上為少女兌☱。

後天八卦方位圖則是根據八卦的五行方位排列而成，同樣記載於《說卦傳》：

> 萬物出乎震，震，東方也。齊乎巽，巽，東南也。齊也者，言萬物之絜齊也。離也者，明也。萬物皆相見，南方之卦也。聖人南面而聽天下，嚮明而治，蓋取諸此也。坤也者，地也。萬物皆致養焉，故曰致役乎坤。兌，正秋也，萬物之所說也，故曰說言乎

> 兌。戰乎乾，乾，西北之卦也，言陰陽相薄也。坎者，水也，正北方之卦也，勞卦也，萬物之所歸也，故曰勞乎坎。艮，東北之卦也，萬物之所成終而所成始也，故曰成言乎艮。

後天八卦方位圖裡震為木，在東方。巽也是木，在東南。離為火，在南方。坤為土，在西南。艮也是土，在東北，與坤成對角線。兌為金，在西方。乾也是金，在西北。坎為水，在北方。其中震、兌、離、坎分居東、西、南、北四個正方位，名「四正卦」。

在梅花易數裡後天八卦方位圖主要用在後天起卦法上，以所遇之象為上卦，象的發生位置為下卦。例如，巳時遇到一少男在西北方跌倒，少男☶為艮做上卦，西北方為乾☰做下卦，得山天大畜卦䷙。艮先天卦數為七，乾為一，巳時為六，上下卦加時間數為十四，除以六餘二，變爻在二，之卦為山火賁卦䷕。最後再以變爻位置決定體卦、用卦，以體用所屬的五行生剋關係來斷定吉凶。

五行生剋

金生水，水生木，木生火，火生土，土生金。

金剋木，木剋土，土剋水，水剋火，火剋金。

八卦五行屬性

☰乾、☱兌為金；☵坎為水。

☳震、☴巽為木；☲離為火。

☷坤、☶艮為土。

十二地支

時	數	
23-1	1	子
1-3	2	丑
3-5	3	寅
5-7	4	卯
7-9	5	辰
9-11	6	巳
11-13	7	午
13-15	8	未
15-17	9	申
17-19	10	酉
19-21	11	戌
21-23	12	亥

認識梅花易數

《梅花易數》原名《觀梅數》，相傳是宋朝邵雍所著，或許其方法與原理可能由邵康節所傳授而出，但此書顯然並非邵雍所作。

據《宋史．邵雍傳》，先生著書有《皇極經世》、《觀物內外篇》、《漁樵問對》，《伊川擊壤集》，並無《梅花易數》。《梅花易》全書內容及文體相當混雜而不純，甚至持論多有不一致之處，不像系統性的著作。書中還多次引述「康節」，如果是邵雍所著，怎會引用自已的謚號？

這本書應該是後世有心者蒐羅江湖術士的口訣及逸聞或祕笈，假邵康節之名編纂而成。而且很可能是從元朝開始有初步的版本，直至明朝以後又陸續積累成今本的樣貌。梅花易的真正發明者也不是邵雍，而是源自隱者，邵雍頂多只是發揚光大者，甚至可能與梅花易無關。

宋史記載，邵雍師事李之才，「受《河圖》、《洛書》、宓羲八卦、六十四卦圖像」，李之才獨得穆脩真傳，穆脩易學傳承自種放，種放之學又源自陳摶。後來有名的先天（伏羲）八卦及六十四卦圖就是假邵雍之名流傳開來，但實則都是源自於陳摶的圖書象數之學。

今傳梅花易一書共分五卷，其中與《周易》及「體用」占法相關的只有前三卷。明朝夏昂（字廷舉）於景泰甲戌年（一四五四年）任通州太守時刊印的《家傳邵康節先生心易卦數》，內容只到第二卷前半，卷二後半及卷三，即三要靈應之後的篇章完全闕如。而卷四和卷五則是占字之學，這兩卷也是《古今圖書集成》拆字部所收錄的《拆字數》與《新訂指明心法》（分上下）。

王陽明學生季本對此問題有所考證，《說理會編》：「今觀康節所精，止是加一倍法……自宋以來，諸儒亦未有言其學如觀梅者。故胡一桂翼傳外篇作於元皇慶間，歷敘諸家卜筮之書，尤諄諄發明皇極經世之旨，而於觀梅之說，略不一及焉，則此術信非康節之舊也。」季本最後總結：「觀梅之書，其必元末人所為而假康節以為重者歟。」

季本另在《易學四同別錄》中指出，梅花易應該源自於三國管輅的祕傳占法：「此法頗似魏管輅所斷之占，豈漢魏以來皆用其術而後人祕之，至於久乃文其說，美其名，而假重於康節邪。」

根據《梅花易數》的黃宗羲序，康節先生在一段奇遇中得到隱者秘笈，之後因觀梅雀爭而首次將其運用於取卦占斷，因此名為「觀梅數」，現在則通稱為「梅花易」或「梅花易數」，有時也稱「梅花心易」。

事實上早期梅花易版本原序中並未署名黃宗羲，黃宗羲之名顯然是後人妄加上去的。黃宗羲所著《易學象數論》一書談論了當時各種與易學相關的占筮法，對於梅花易及其原理隻字未提，亦可為證。以下為黃宗羲序的完整翻譯，對於梅花易的源起有詳細的說明：

宋慶曆年間，康節先生隱居山林，冬天不用暖爐，夏天也不用扇子，幾乎完全忘記寒暑冷熱。但如此用心還是覺得參透得不夠，於是就把《周易》貼在牆壁上，心中有什麼領略就看著牆上的《周易》來玩賞，以此精進自己的易理。但想要創造易數，卻是沒有辦法成功。

有一天在午睡的時候，一隻老鼠從面前走過，於是先生隨手拿起躺著的瓦製枕頭，丟過去砸那隻老鼠。結果老鼠跑了，枕頭破了。但覺得枕頭中似乎有字，拿來一看，上面寫著：「這個枕頭賣給賢人康節，某年某月某日某時，因為拿去打老鼠而破掉。」先生覺得很奇怪，於是跑去詢問賣這枕頭的製陶店家老闆，老闆說：「以前有一個人拿著《周易》坐著休息，然後又拿書當枕頭，一定是這位老頭。他已經很久沒來了，不過我知道他家。」

於是康節先生和陶店老闆一同前去拜訪那位老先生，到了他家之後，老先生已不在人世，但留下一本書，並告訴他的家人：「某年某月某日某時，會有一位讀書人來到我們家，就把這本書送給他，然後就可以幫我完成身後事了。」因此他的家人就把書給了康節先生。先生一讀，這是一本與《易》有關的書，裡面還有要訣及實例。於是依照裡面的實例還有易數推算之後，告訴他的家人說：「你老爸還活著的時候，有白金存放在睡床西北的地窖中，可以拿來幫他辦理埋葬之事。」老先生的家人依照指示去找，果然得到白金。

先生得到這本書之後回去，有一次在觀賞梅花時，看到麻雀在打架搶奪枝頭，便以此來演算，知道隔天晚上鄰居會有個女孩折花，然後掉了下去傷到大腿。他的卜筮方法就是從這裡開始的，因此後世就將這套卜筮方法叫做「觀梅數」。

後來又算出落花的日子，預測牡丹花在隔日中午會被馬所踐踏毀損。又以西林寺匾額推算出有陰人暗中作怪。凡此種種，都是「先天數」的卦例，因為還沒得到卦就先得到數，用數來起卦，所以名叫「先天」。

至於像是見到老人面有憂色，然後知道老人吃魚而梗到喉；見到少年面有喜色而推斷將有婚聘的喜事；聽到雞叫而知道雞要被殺來煮；聽到牛叫就知道牛應該要被宰了，諸如此類的取卦卦例，都是「後天之數」。這是因為還沒得到數，就先得到卦，利用卦來起數，所以叫「後天」。

有一天，先生放了一張椅子，然後用易數來推算，在椅子的底下寫說：「某年某月某日，就是被仙客坐壞的時間。」果然那個時間有修道者來訪，把椅子給坐壞了。修道者很不好意思的陪罪，康節先生就說：「東西的形成和毀壞都有個數，這有什麼好介意的。而且先生您是神仙呀！有幸能夠坐一下來向我示教。」然後就舉起椅子讓修道人看底下所寫的字做為驗證，修道者很錯愕的起來之後走了出去就忽然消失不見了。所以說，數理的奧妙，就算是鬼神也無法躲避，更何況是人？更何況是物體？

梅花易占筮特色

梅花易可說是繼漢代京房之後，占筮上的一大發明。

首先，取卦法的創新，影響後世甚深。特別是先天數取卦法，坊間許多以數起卦的方法，都源自梅花易。其次，就其占斷法來說，梅花易可以說完美融合五行生剋與傳統的《周易》八卦卦象。

世傳以《易經》為名的占筮法，很多是與《周易》無甚關聯的。例如，火珠林法雖然還是會強調《周易》卦爻辭的重要，宣稱占斷也要以卦爻辭所揭示的吉凶為主，但在實際應用上，《周易》經文不具意義，這是因為兩者是基於不同的原理與邏輯。

梅花易在理論上也宣稱重視卦爻辭，〈占卜總訣〉就這麼說：「大抵占卜之法，成卦之後，先看《周易》爻辭，以斷吉凶。」「次看卦之體用，以論五行生剋。」不過〈先後天論〉中又這麼說：

先天卦斷吉凶，止以卦論，不甚用易之爻辭。後天則用爻辭，兼用卦辭。

意思是說，後天卦要用卦爻辭，先天卦則不用。所以到底該不該用《周易》的卦爻辭呢？

五行生剋與卦爻辭的吉凶論斷在理論上本就是平行而沒有交集的系統，若有衝突不一致，也是常理。若偶有吻合，也只是巧合。總觀《梅花易數》的卦例，的確也會使用卦爻辭，特別是後天卦卦例，必先引述爻辭。不過多數只是取其巧合而強為之曲解，以當中的隻字片語來拼湊故事，鮮少深入《周易》義理。因此，卦爻辭的真正義理在梅花易中的占斷功能不是很大。或者說，梅花易使用卦爻辭的方式，只是嘗試藉由當中的文字或義理找到與占卜預測更多可用的題材與資訊而已。

但梅花易核心的八卦占筮原理卻是與《周易》原始的八卦取象緊密相關，幾乎完全一致。

首先就其取卦法來看，其中的後天取卦法，學者必需對於《周易》的八卦卦象相當熟悉才能運用。而在占筮上，雖然梅花易用五行來斷吉凶，但是對於未來的具體預測，所運用的完全是《周易》的八卦取象法。甚至在一些無關吉凶的占斷裡，捨去體用的五行生剋之後，梅花易的八卦聯想法可以說完全是《周易》式的。因此，梅花易是一套有助於學習《周易》，可以和《周易》互為表裡的命理系統。

八卦取象要訣

梅花易占斷法最為核心的技巧在於如何運用八卦卦象。但如何以八個符號來象徵萬物是一個大問題，初學者在占斷實務上最難踏出的第一步往往在於不知八卦如何取象，而且在學習梅花易的漫長過程中，最難掌握的也經常是八卦取象的廣度和精準度。

因為這類功夫多屬心法，最難掌握與學習，初學者時常覺得力不從心。本文嘗試將這些心法歸納為更有理則可循的思考方法，做為學易者探索八卦的起點。詳讀本篇，初學者對於八卦將有一個施力點，開始推理及運用八卦。但要熟練八卦的取象及應用，不二法門還是從做中學，不斷在占斷實務中去推理思考八卦卦象，勇於想像與嘗試，用實務來精進相關技巧。

《繫辭傳》：古者包犧氏之王天下也，仰則觀象於天，俯則觀法於地，觀鳥獸之文，與地之宜，近取諸身，遠取諸物，於是始作八卦，以通神明之德，以類萬物之情。

這段話可做為八卦取象的基本原則與方法。簡單說，要善於觀察萬物，上至天文，下至地理，然後為萬物的性情去做分類、類比，聯想。「近取諸身，遠取諸物」可做為分類的起點與基本原則。

先看近取諸身的卦象。

【身體】

例如用自己的身體來取象，這就是說卦傳說的：「乾為首，坤為腹，震為足，巽為股，坎為耳，離為目，艮為手，兑為口。」

乾卦是頭，由此可引申出首領、元首、首腦、君子、大人等相關的概念。由此也可推想坤卦為群眾、基層的人員、小人。

坤是腹部，因為腹部是柔軟的，三爻都是陰（陰為柔），所以柔軟的東西都可聯想到坤，像是布。

震為足，足是腳，是行動的機關，所以震為動、行動力。巽是股，股是大腿。離為目，目是眼睛，眼睛象徵的是光明、聰明、智慧。兌為口，口是說話用的，所以兌是說，說是說服或喜悅（古說字同時兼具說話和喜悅兩義）。

其他與身體有關的卦象，較不成系統的，如巽為鼻。《說卦傳》巽為臭，臭為氣味，鼻子。但另有說法認為艮為鼻，因為鼻子是人臉上的山。離為大腹，大肚子，因此懷孕之象可取離卦。坎為血，由此引申出恤（憂心）。坎為心，可再引申為人的意志。艮為背。

【卦德】

近取諸身的卦象除了「身體」類之外，還有其他的卦象類型，例如「卦德」，是以人的德性來做分類：「乾健也，坤順也，震動也，巽入也，坎陷也，離麗也，艮止也，兌說也。」

乾是剛健的，乾的古代卦名就是「健」，因為陽剛陰柔，乾卦三爻都是陽，是八卦中最剛強強健的。坤順，坤卦三爻皆陰，陰者柔順，是八卦中最柔順的。震卦的德性是好動，因陽氣從地下動起來，像地震。震卦又是足，足的本性好動。巽卦是入，進入、潛伏的意思，因為一個陰爻潛伏在兩個陽爻下面。坎陷，一個陽爻被兩個陰爻包圍而困住，沒出路。離麗，陰爻附著於兩個陽爻上，兩個陽爻因柔中陰爻的附麗而美麗（麗的意思為附著、美麗）。艮是一個陽爻在最上方位置，到此而止。兌是喜悅，說通悅。

【乾坤六子】

近取諸身最重要的卦象就是「乾坤六子」，也是前面所談的「後天八卦次序」。以乾為父，坤為母。震長男，巽長女。坎中男，離中女。艮少男，兌少女。要特別注意的是，對於六子的理解不要拘泥於實際的人倫次序及男女性別，而是要擴展聯想成八種典型的人格。

例如，乾卦為父親，也可象徵老者、領導者、尊貴、威嚴的。震為長了，象徵較為老成持重、事業有成、積極進取、有執行力的（震為動），接班人（繼位者）。坎中男為個性比較陰沉、憂鬱的、勞苦的（坎為憂為勞）。艮為少男，比較幼稚或天真的、涉世未深的、愛宅在家的。坤為母，比較有包容性的老婦人，母愛型、敦厚的人。巽長女，精明而有手腕的（古巽通算，因此長女最會計算），女強人，喜歡命令人的（巽為命令）。離為中女，比較中庸、嫻淑的女性，聰明伶俐型的。兌為少女，清新亮麗、引人矚目、年輕活潑、歡樂愉悅、任性型的女子或人物。

在遠取諸物方面，最常見的就是天地雷風等自然景物的卦象，但建議可從陰陽、虛實來推理與擴展八卦卦象。

【自然現象】

自然現象這組卦象是八卦最有名也最常用的卦象，自古以來，在記憶卦象時也都是以這組卦象為口訣，以致於經常有人將它誤以為是八卦的正式名字。

乾坤震巽坎離艮兌，這是八卦的正式名稱。而八卦所象徵的自然現象分別為乾為天，坤為地，震為雷，巽為風，坎為水，離為火，艮為山，兌為澤。

乾是純陽之氣，以天來象徵，坤為純陰之氣，以地來比擬。從天地的對反觀念也可聯想到乾與坤兩卦的不同卦象。天尊地卑，天為父地為母，天清地濁，天乾地濕，天圓地方。天道博施，地道廣生。

震為陽氣起於地下（坤體下生一陽），像地震，亦像雷鳴，雷則有震動萬物的作用。自古人類都怕打雷，所以雷也有驚恐、驚嚇的象徵。注意的是，閃電之象是離，因離為光明，閃電是明亮之物，故取離象。

巽為風，為陰氣動於天體之下。風無孔不入，所以為潛入（巽為入）、潛伏（巽為伏）。風行草偃，巽又有施行命令的意思。風吹則物散而亂，因此風又有散亂的作用。

坎為水，這種水是流動的水，比如溪流，與兌為澤的水不一樣。又坎是坑坎的坎，所以可用大峽谷中的河流來聯想坎卦，於地形上它是有坑洞的凹陷的，因此可再聯想到斷崖、溪谷、溝瀆（護城河）。

離為火，火代表光明，可再聯想到日（太陽），文明、豔麗，炫爛美麗之物，又可聯想到文創、文彩、文書。火又可聯想到乾燥、枯槁（被火烤過之後就乾燥、枯槁了）。

艮為山，常言道「不動如山」，所以艮是靜止不動。山又是養育生命的地方，所以艮有養物、成物終物的作用，民生問題就取艮象。山又是險阻，所以艮也有阻止、阻檔的作用。

兌為澤，澤為水澤，可想像為沼澤、湖泊。坎是水，兌也是水，但坎的水是流動而能與物變化的。兌的水是一個大的水體，所以兌也是大水，水災，毀折，毀損。東西的缺損、毀壞、破舊，都可取兑象。

《說卦傳》「雷以動之，風以散之，雨以潤之，日以烜之，艮以止之，兑以說之，乾以君之，坤以藏之」說的雖是八卦的不同作用，建議與前述的自然卦象一起合看。但就八卦作用來說，不盡然如說卦傳所言，學易者當多以陰陽卦理來推敲。

【陰陽與物形】

陽剛陰柔，陽象徵剛強與剛硬，陰象徵柔順與柔軟。陽實陰虛，陽象徵的是有實體的，陰象徵空虛無形體的⋯。從陰陽的對反觀念可以推理與聯想出更多八卦所能夠象徵的事物。

乾：八卦中最剛強與剛硬的就是乾卦，因為乾卦三爻都是陽，因此乾為金、為玉，或者是任何剛硬、堅硬的東西。金、玉，再加上乾為天為首，又可聯想到稀有、貴重、尊貴、高貴等概念，凡是貴重、稀有、稀少的人事物都可聯想到乾卦，像是珠寶、鑽石，或者是一些高貴的精品。乾卦又是純陽，陽是生命力，所以又是最精純的元氣，一切事物中最根本基礎的，例如投資上的本錢（資金），宇宙中生命所最需要的能量，一家公司中最靈魂最重要的人物如執行長、國家的元首、君長，君子……。天圓地方，凡圓形、圓滿、飽實的東西都可取象乾。坤則可取象為方形、形體較廣大的東西。

坤：八卦中最柔軟的一卦就是坤卦，因為陽剛陰柔，坤卦三爻皆陰。柔軟之物如布，人和動物的肚子（坤為腹）。乾是稀少而尊貴的，坤則是眾多而卑賤的，所以坤是群眾、大眾。於商品則是那種消費或大宗型的，像食物中的五穀雜糧。

震：震卦陽氣由坤下生起，陽代表的是生命力，所以震為生機、生命力。為何是震不是乾來象徵生命力？乾是元氣，是生命力的本體，陽氣必需從坤體上生出才是後天可見可得的生命力。

巽：巽為陰氣由乾下生出，因此為潛伏、伏藏，滲透。說卦傳說「巽為繩直、為長，為高」，巽也指細長、高大的東西。

坎：坎為中間剛實堅硬，外邊柔軟之物。例如雞腿及肋排，中間有骨頭，外面有肉。或者像桃子核果一類，中間有硬核的東西。

離：離為中空之物。《說卦傳》說，離「為鱉，為蟹，為蠃，為蚌，為龜」，取的就是外層有殼而中間虛空之物。其中蠃就是螺，或者蝸牛一類。另外像是盒子、箱子都可取象為離，離為目也是取中空之形。

艮：為陽實在上，所以為高起、隆起之物，如山、丘陵、墳墓，膿瘡。艮為成物之卦，所以果實、瓜果都屬艮象。

兑：有缺口或缺損之物。兑卦為乾卦上缺之象，天圓地方，因此凡圓形而上有缺口之物都可聯想到兑，例如瓶子、杯子。另也可聯想到缺損、損壞、破舊、殘缺之物。

【文字遊戲】

從八卦卦名也可聯想出很多卦象，這方面有兩個脈絡，一是要了解每個卦的古卦名或它的甲骨文字。二是要多用假借法。

乾：乾的古卦名為健，健為強健。又為倝（音幹），黎明第一道太陽光，光茫四射的樣子。因此乾為光，為能量。

坤：坤古卦名通輿，輿為大車，也是群眾（輿論的輿）。

震：震古卦名為來，來是古代祈福用的瑞麥，因此震為來，為祈福。

巽：巽甲骨文為兩人跪伏地上，從甲骨文可聯想到伏、命令，服從命令。巽古卦名通「算」，巽為精算，為利市三倍（因為很會精算）。

坎：坎古字為坑人祭祀用的坑洞，這種大坑洞也會做監牢用。因此坎為牢獄，為一切有坑洞或凹陷之地形或地物。坎古卦名為勞，辛勞的勞，因此坎為勞心勞力之卦。

離：古卦名也作「羅」。離與羅兩字古字通用，甲骨文畫的都是網子網到小鳥。因此離為鳥、為網罟，為法網、網羅。

艮：艮可聯想到根（根本）、限（限制），垠（邊界）、恨。

兌：兌的卦象包含了兌（兌現、出現、見面）、說（說服）、悅（喜悅）、敓（奪的古字）、銳（尖銳、銳利之物）、脫（脫落）、稅（納稅、損失）、閱（閱讀。閱又通穴，孔穴）。

八卦的取象千變萬化，除了以上所列，其餘像是五行、方位、時節、顏色、五味等取象，都可從後天八卦方位圖去推理。但很多卦象是無從推理的，如「乾為馬，坤為牛，震為龍，巽為雞，坎為豕，離為雉，艮為狗，兌為羊」的動物類卦象，諸如此類的極為繁瑣而眾多，熟悉的方式沒有不二法門，只有多讀多用。八卦要活用，只有多方練習。

本文目的是引導學易者找出八卦卦象的脈絡，其餘瑣碎的各種卦象，可再參考梅花易卷一末的〈八卦萬物類占〉及卷二〈卦應〉。

起卦法

梅花易數的起卦法主要記載於《梅花易數》卷一，卷一所載方法非常繁多，從時間起卦、文字、聲音、東西的尺寸，到所遇見的所有人、事、物，無所不包，展現出一種萬物都能起卦的樣態，但主要可分為「先天」和「後天」兩種方法。

無論是先天還是後天起卦，都是以「隨機」為原則，也就是隨占者所遇所感，遇到什麼，感應到什麼，就以它來起卦。

但要注意的是「不動不占」，就是要有觸動感應的事件發生。例如，一株梅花樹在那裡，是靜物，不能起卦占斷。但突然有樹枝掉落，或者是有兩隻麻雀在打架而墜地，就是有感應的事件變動，那麼就可起卦。路上一如平常的人來人往，不能起卦，如果有個老爺爺突然跌倒，或者憂色忡忡而過，就有變動，可以起卦。

詳細的原典記載可參考《梅花易數．象數易理篇》。

先天起卦

梅花易的起卦法分先天與後天。先天卦是先有數再有象，後天卦則是先有象再有數。

所謂先有數再有象，是先取得數，再以乾一兌二，離三震四，巽五坎六，艮七坤八的先天八卦數來取上下二體，得到本卦卦象。再以第三個數字來取變爻，並得到之卦卦象。

如若前兩個數字大於八，那麼可除以八之後取餘數再去套用先天八卦數。若是整除則取八，為坤。而第三個數則是除以六，以餘數做為變爻位置。餘數若為零，上爻為變爻。

雖然先天卦的成卦需要三個數，但實際上都只取得一或兩個數字，再變出第三個數。若是得一個數，將此數加上時間之後得第二數，第二個數既做下卦數，也做變爻數。若得兩個數，第一數為上卦，第二數為下卦，兩數相加，再加當下時間做為變爻數。至於「今日動靜如何」和西林寺這兩個占例，都未加上時間數，可視為例外。

古代是以十二地支計時，子丑寅卯辰巳午未申酉戌亥分別做為一至十二的數字，例如中午十二點為午時，那麼時間數就是七。

至於如何取得三個數字，《梅花易數》一書詳列許多種方法，以下細論其中比較重要的兩種，即時間占與字占。

年月日時起例

以年月日之數總和為上卦數，上卦數再加上時間為下卦數，同時也做為變爻數。

以上的取數，皆以地支為主。

例如以「丙申年十二月二十二日巳時」起卦：

上卦數為9＋12＋22＝43，除以8餘數為3，為離（火）☲。（申年為九。）

下卦數為43＋6＝49，除以8餘數為1，為乾（天）☰。（巳時為六。）

變爻數同下卦數，49除以6餘數為1，初爻變。

因此此卦為火天大有，初九爻變，為大有䷍之鼎䷱。

在眾多取卦法中，以時間來取卦也是最為人所知的，最有名的邵雍觀梅卦例就是以時間來起卦，其他卦例還有牡丹占。

但這個方法其實就其「隨機」性來說有些問題，因為在同一日同一時辰下，任何人來取卦都是同樣的一卦，這樣的卦似乎沒有一個特殊性。因此有時候可以加入一些變數來取得差異性，例如在以上的起卦數中加入當事者的姓氏筆畫數。在〈起卦加數例〉一節中就提出這個問題，田、王、韓三姓人家，房子同時起造，同時問房子的氣運如何？在拿房子起造日期來起卦時，加入各自的姓氏筆畫數，就可區分出這三家住宅的不同預測。詳情可再參考〈先天卦的調整〉一節。

字占

《梅花易數》一書中所載還有物數占、聲音占、字占⋯，實在多不勝數。但其基本原理都是以隨機所遇之事件來起卦，或取一數，或取兩數。如果取得一數，則此數為上卦，再加上時間為下卦及變爻數。

若取得兩數，以先取得者為上卦，後者為下卦，兩數總和再加時間數為變爻。但梅花易書中所舉的兩個文字占，「今日動靜如何」和西林寺占，卻都未加上時間數。由於「加時」概念在梅花易全書理論中算是相當一致的，所以這兩占可以例外視之。

這裡值得一提的是，《梅花易》中對於各種占法及起卦法的介紹，字占所論可以說是最為詳細。字占起卦又分兩大類，一是字數少時以字的筆畫或平上去入聲來起卦，二是字很多時則以字數來取卦。

如果是一個字時，可取左右或上下兩邊的筆畫，左或上為上卦，右或下為下卦。如果字無法分左右上下者，則以筆畫來區分，向左或向下寫的筆畫（如ノ和一）總和為上卦，向右寫的筆畫總和為下卦（如一、乙、乀）。但實務上這個方法並不好用，建議直接以該單字的筆畫數做為上卦，再加上時間數做為下卦及變爻。

兩個字時可以一字的筆畫數為上卦，另一字筆畫數為下卦。

如西林寺牌額占例裡，以「西林」兩字起卦，以「西」字七畫為上卦，不帶勾的「林」字八畫為下卦，得山地剝卦。兩字筆畫數總和十五為變爻，除六之後餘數為三，得剝之艮卦。該占例比較特殊的地方，未在變爻數中加入時間。

如果字數少且為偶數時，上下卦字數可均分。如果是奇數而不是偶數時，以「天清地濁」的原則來分。天清而輕，所以上卦字數少。地濁而重，所以下卦字數多。例如，三個字時，第一個字為上卦，後兩個字為下卦。五個字時，前兩字為上卦，後三個字為下卦。七個字時三個字為上卦，四個字為下卦。

如果字數有點多又不會太多時，例如五或十個字，可以不用筆畫數，改以平（一）、上（二）、去（三）、入（四）的聲調數來取數，或者換成我們現今用的聲調，例如一聲取一，二聲取二，三聲取三，四聲取四，輕聲取五。

「今日動靜如何」的卦例雖然被歸類為聲音占，但本質上為字占。此卦以「今日動」的聲調數相加為上卦，一、四、三相加為八，為坤卦。「靜如何」為下卦，三、一、一相加為五，為巽卦。此卦為地風升卦。上卦八加下卦五為十三，變爻為一，初爻變成地天泰。此卦例並沒有加上時間數，但建議在實際起卦時，變爻仍是加上時間數為宜。

如果字非常多時，就不算筆畫也不算聲調，直接將字隨機切分為兩邊分別計算字數。

自由創作

先天卦的取卦法以隨機取得數字為原則，可以說日常生活中所遇到的任何事物都可用來起卦，只要能夠取到數。取數以能夠得到兩組數為原則，分別做為上下卦，然後再加上當下時間數做為變爻。如果只能取一個數，以該數為上卦，再加上時間數之後做為下卦和變爻數。

如果超過兩個數，則可將數分為兩組再各別相加做為上下卦之數。例如，三個數時，以第一個數為上卦，第二和第三個數加起來做為下卦，全部的數加起來再加上時間做為下卦。不過在一般的使用習慣裡，若取得三個數時，也可直接以此三個數來起卦。第一數為上卦，第二數下卦，第三數為變爻。

除了《梅花易數》書中所詳舉的眾多取卦法之外，占者也可以依以上原則自行設計起卦方法。例如米卦，隨機抓兩撮或三撮米。第一次的數字為上卦，第二次的數字為下卦。變爻可將兩個數字再加上時間數，或者再抓第三撮的數字為變爻。也可把米換成紅豆、小石子、水晶、竹籤……。

後天起卦

先天與後天卦的區別，在於數和象的產生順序。先天卦是先有數再有象，因為數在象前，所以名先天。後天卦則相反，先有象，再依象取數，取數則是為了定變爻。

後天卦取卦法又名「後天端法」，取卦時以物象為上卦，後天八卦方位為下卦，合物象與方位兩卦的先天數再加上時間為下卦。

例如，午時見到一個老人家從東北方過來，乾為夫，老人家即乾☰（若是老婦人則取坤☷），做上卦。東北方則是艮卦☶，做下卦。此卦為天山遯卦䷠。

如果是老婦人東北方來則是地山謙卦。

接著取變爻，以先天八卦數將象轉為數，以得到變爻之數。乾的先天數為一，艮為七，午時的數為七，三數相加為十五，除以六餘三，因此變爻為三。此卦為遯卦九三爻變，遯䷠之否䷋。

再如酉時見東方有一台大巴士過來，大輿為坤☷，東方為震☳，此卦為地雷復卦䷗。8（坤）+4（震）+10（酉時）=22，除以6餘4，變爻在復卦六四。為復䷗之震䷲。

後天卦除了要熟記八卦方位之外，對八卦卦象也要相當熟悉。

加時問題

在變爻數中加入時間數，這是梅花易起卦的標準，不管在先天卦還是後天卦。但前面所談的先天卦裡，字占在起卦法上有個爭議之處，如西林寺牌額占和「今日動靜如何」都是《梅花易》書中的占例，但兩個占例都未加上時間數。這是否意謂著字占起卦可以不加時，而直接以上下卦數總和為變爻？

〈字占〉是〈卦數起例〉下所列的一項起卦法，在起卦法總論中講的很清楚：「取爻當以時加之」。《梅花易》書中有很多地方也都強調，起卦當加時，買香占在結論中特別強調「從此大小事，不可不校其時也」，可見加不加時可能在當時原本就有爭論，有些人習慣不加時，有些人則對不加時的占法很不以為然，但偏偏在書中所舉的占例中，文字占就這兩個例子，而這兩個例子又完全不加時。

這裡也可看出梅花易並非一人所寫的系統著作，而是雜掇而成。總體來說，不加時可以視為例外，可能起卦者在當下有他不加時的理由，也可能只是起卦者的個人習慣，但因為預測準確而仍留傳下來。梅花易數起卦，還是以加時為標準。因為以全書來看，不論是先天卦或者是後天卦，書中主張的理論都是要加時的。

特別是後天卦，若不加時會造成很荒謬的結果。例如，如果不加時的話，乾卦永遠只有第二爻變，坤卦永遠只有第四爻變，山水蒙卦永遠只有初爻變。因為後天卦是先有象再依象取數，因此每一卦的上下二體卦數都會是固定的，乾只可能是一，兌只可能是二…因此變爻就不變爻了。不像先天卦，是先有數再有象，取乾象的數可能是一、九、十七…，不加時仍可維持卦象的隨機變異特性。所以〈先天後天論〉這麼說：「今人起後天卦，多不加時，得此一卦，止此一爻動，更無移易變通之道。故後天起卦定爻，必加時而後可。」

占解要訣

完成起卦之後，接著就是如何占解卦象與預測吉凶的問題。

梅花易解卦的標準體例可依此程序，在完成起卦之後：

一、決定體用：本卦中變爻所處之卦為「用卦」，另一卦即為「體卦」。

二、以五行生剋判斷吉凶：以體卦和用卦之間的五行生剋分析吉凶。

三、帶入八卦卦象：用卦對體卦的五行生剋決定了吉凶，而八卦卦象則決定具體上將有何事發生。

不過一些無關吉凶的占問，例如天氣晴雨，或者如鄰居晚上敲門借物，沉香占中推演沉香真假等，這類問題可略過五行生剋，直接推理八卦卦象即可。另外，吉凶難以論斷者可依「刻應」為最終判斷，特別是後天卦。

如果是以「後天起卦」得到的卦象，則必需先參酌周易卦爻辭。

關於占解方式，以下分段詳論。

決定體用

《周易》傳統筮法所得的卦，變爻數可能從零到六個，但梅花易數所得卦最

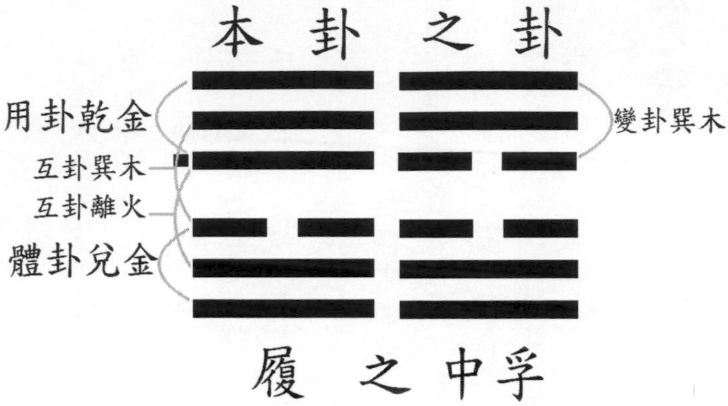

後變爻數一定是一個，不會是零個，也不會是二、三或四、五、六個。

這樣的設計，是為了取「體」卦與「用」卦，再以體、用卦的五行生剋關係來論斷吉凶禍福。

體是本體，體卦代表的是承受作用的主體。用是作用，用卦代表的是對本體產生作用與影響的事物。

本卦中三爻皆靜的那一卦為「體卦」。有動爻的那一卦即是「用卦」，因為爻動象徵「作用」。這也是狹義的用卦。

廣義的用卦還包括了體卦之外的所有其他八卦：互卦和變卦。用卦、互卦，與變卦統稱「他卦」，「用卦」是「他卦」之中決定吉凶最常用的一卦。用卦找不到與體卦有生剋關係時，也可從其他「他卦」中去尋找。

以履䷉之中孚䷼為例，本卦履，變爻在第四爻，變爻所在的上卦乾☰為用卦，履下卦的兌☱為體卦。本卦的體卦和用卦間又可找到兩個八卦，這是所謂的「互卦」或「互體」。例如，這一卦例中較接近上卦的互卦是巽卦☴，巽卦較接近用卦所以又稱「用互」。較近下卦的互卦是離卦☲，離卦因為較近體卦兌，因此又稱「體互」。另外在之卦中又有一個新產生的八卦，就是上卦的巽卦☴，這是「變卦」。

如果只是要問一事之吉凶，並沒有時間發展的問題，那麼直接以「用卦」對體卦的生剋判定吉凶即可。如果所問之事的應驗有時間的遠近之別，那麼用卦可視為近期之應，互卦為中間之發展，變卦為遠期之應。

四個「他卦」另有一種用法。可用「多數決」方式來決定吉凶。例如，有兩個吉卦，一個凶卦，那麼可以斷為吉。例如，體卦為木，假設他卦中生木屬水的卦多，而剋木屬金的卦少，那麼可斷為吉。

但梅花易中並沒有「侮」或「反剋」的觀念。所謂的「侮」，例如，原本火剋金，如果屬金的卦多，將反過來「侮」火。火剋金不成，反被金剋。

影響吉凶的還有季節的「卦氣」。此卦氣與漢易中所言的卦氣並不一樣，此處的所謂卦氣指的是依五行而決定八卦在不同季節的旺相休囚。例如，春天時五行為木旺，因此屬木的震巽兩卦卦氣就旺，五行屬土的坤艮兩卦卦氣就衰，因為被木所剋。廣義的卦氣，還可將所有他卦對於體卦的總體生剋關係來論，例如，他卦多數與體卦比和或者生體的卦多，那麼就可說是體卦卦氣旺。反之，如果剋體的卦多，那麼也可說是體卦卦氣衰。

然而在《梅花易》所舉的實際占例裡，以季節而論的卦氣並未實際使用到。而對於用卦、兩個互體，以及變卦的吉凶分析，也並非皆如理論所言。例如「觀梅雀爭」占例中，以兩個互卦中的乾金剋巽股而推斷少女將傷股。

至於兩個互卦的作用是否有差別？在少數卦例中的確是有的。我們可依理推論，體互對體卦的影響較為貼近，而用互影響則稍遠。

以五行生剋判斷吉凶

在決定好體卦與用卦之後，接著就可以利用五行生剋的關係來決定事情的吉凶。甚至應期之遠近。

用卦的五行如果剋體，就是凶。但反過來，體卦剋用，為體勝用，為吉，雖有阻力，但最終事情可成。如果用卦與體卦比和（五行相同），則體卦卦氣旺，為吉。用生體，當然也是吉。但反過來，如果體卦生用，那麼就變成「洩氣」，為凶。

例如，體卦如果是震卦為木，以下是各種用卦的吉凶推斷：

- 用卦是木（震巽），用與體比和，吉。
- 用卦是火（離），火為木所生，體生用，為洩氣，凶。
- 用卦是土（坤艮），土為木所剋，體勝用為吉。雖有阻礙，但最終可成。
- 用卦是金（乾兑），金剋木，用剋體，凶。
- 用卦是水（坎），水生木，用生體，吉。

其餘「他卦」與卦氣的吉凶以此類推。

此外，一年四季也會影響卦氣的盛衰，所謂的旺相休囚理論，其邏輯亦與五行生剋相同，只是用了不一樣的說法。但在《梅花易》所舉的占例中，並未實際使用到季節的卦氣，或者所謂的衰旺。

有時會遇到吉凶難斷者，例如他卦中兩卦為吉兩卦為凶，那麼可以利用「外卦」，或刻應來做最後決斷。關於外卦及刻應，請參考三要篇章。

加入八卦卦象

梅花易數很大的特色在於完整保留與沿用《周易》的八卦卦象，因此在解卦的模式上與《周易》有很高的相似度，熟悉《周易》八卦解卦者，對於梅花易馬上可以很自然的上手。

但《周易》的八卦卦象在吉凶的斷定上並不是那麼容易掌握，即便有卦爻辭可用，很多時候是相當撲朔迷離的，這方面梅花易引入了五行生剋的觀念，而讓每一卦的吉凶斷定有了很清楚而簡明的原則。而假設所問之事與吉凶悔吝無關，除卻卦爻辭的使用問題，梅花易八卦解象的占解方式與《周易》是完全一樣的。

至於如何把八卦卦象應用在梅花易的解卦上？

承前文，以五行生剋決定一事的吉凶之後，接著看用卦或他卦卦象是什麼，那麼就是什麼事或什麼人事物對體卦產生了作用。

例如，體卦如果是震，震為木。而用卦為坎卦為水，水生木，主體將得到坎水之助而為吉。所以坎象是什麼，主體就可能受到什麼之助。假設你正在往山上往水邊發展事業而無法決定，那麼卦象是往水邊（坎）會得助。或者在某事上，有姓江與姓金兩人可選，此事當以江姓為佳（有水字邊），在方位的取捨上則以坎所居的北方為宜。

互卦、變卦亦如此用。

不過，八卦所代表的卦象相當繁雜，到底要取何象？那一個象才是有意義的？答案是「理」。

〈聲音占例〉

推數又須明理，為占卜之切要也。推數不推理，是不得也。

〈占卜論理訣〉

數說當也，必以理論之而後備。苟論數而不論理，則拘其一見而不驗矣。且如飲食得震，則震為龍。以理論之，龍非可取，當取鯉魚之類代之。又以天時之得震，當有雷聲，若冬月占得震，以理論之，冬月豈有雷聲，當有風撼震動之類。既知以上數條之訣，復明乎理，則占卜之道無餘蘊矣。

梅花易相當重「理」的推演，甚至認為，占斷者如果在考詳事理之後發現與占斷結果矛盾不一之處，應該要依理來判斷。由此也可看出梅花易從取卦到解卦方法上所展現出的「自由」與多變精神。簡言之，梅花易要占斷者用心依理來看事斷事，而不應該拘泥於卦象與生剋。

但這種完全跳離占斷方法框架的推理，畢竟是不可傳授的，因此此處不論。這裡所要談的是，卦象的取捨如何依理而應變的大致原則。

我們以〈占卜論理訣〉所舉的震卦為例，假設在占斷飲食相關的問題得到震卦，震為龍，依理龍乃不存在的，因此可取近似的鯉魚，而如果是在冬天問天候，冬天不可能打雷，那麼可斷定為被風所吹動。不過梅花易所舉這兩例實在不是很妥當，例如以天候占斷來說，震可為地震，而風所撼動之象應該是巽象怎變震象了。而龍怎麼會是不可得的？龍即是蜥蜴或爬蟲類，像蛇或鱷魚都可歸類為龍。

至於八卦如何取象，除了可用《說卦傳》以及《周易》易理來推斷之外，《梅花易數》一書也整理蒐集許多，可供參考：包括第一卷後面的〈八卦類象〉及〈八卦萬物類占〉，以及第三卷最後的〈卦應〉。但卦象仍是要由占斷者對於八卦卦理有所理解之後，再依理去推論為宜，不宜死記書中所載。

但在依理推象時，又如何得知卦要由某象上去推？以觀梅占為例，兌卦為何要推論為少女，而不是巫（兌為巫），或者是羊（兌為羊）？邵雍純萃只是因為靈感還是有其他方法可推論兌該取象少女？

答案可能在所謂的「外應」或「三要」之訣裡，詳細討論請參考三要心法一章。

本文所載的占斷原理，都可在〈體用總訣〉得到印證，以下附上〈體用總訣〉的全文與翻譯。

體用總訣詳解

體用云者，如易卦具卜筮之道，則易卦為體，以卜筮用之，此所謂體用者。借體用二字以寓動靜之卦，以分主客之兆，以為占例之準則也。大抵體用之說，體卦為主，用卦為事，互卦為事之中間，刻應變卦為事之終應。

談到體用，例如易卦具備了卜筮的方法，那麼易卦就是「體」，然後以卜筮來「用」它，這就是所謂的體用。這是借體用兩個字來寓涵動靜的卦，藉以區分主客的預兆，做為解讀吉凶禍福之例的準則。大致上來說，體用的理論裡，體卦就是主體，用卦就是事情，互卦為事情的中間，刻應和變卦為事情最後的應驗。

按：刻應，屬眼耳心三要之訣。占卦時，以所聞所見的吉凶徵兆作為吉凶的應驗。總觀梅花易占例，在後天卦中刻應特別重要，對於吉凶的判斷甚至有決定性的關鍵地位。簡單說，刻應就是在起卦當下，占卦者對於事件所直接感受到的吉凶訊息，覺得是吉就是吉，覺得是凶就是凶。

> 體之卦氣宜盛不宜衰。盛者如春震巽，秋乾兌，夏離，冬坎，四季之月坤艮是也。衰者，春坤艮，秋震巽，夏乾兌，冬離，四季之月坎是也。

體卦的卦氣最好能夠旺盛，若是衰則不好。所謂的卦氣旺盛，例如春天木旺，屬木的震巽兩卦卦氣就旺。秋天屬金的乾兌兩卦，夏天屬火的離卦，冬天屬水的坎卦，四季之月（三、六、九、十二月）屬土的坤艮兩卦卦氣都旺。所謂卦氣衰，例如屬土的坤艮兩卦在春天卦氣就衰，因為春天木盛，木剋土。再如秋天的震巽兩卦（秋季金旺，金剋木），夏天的乾兌兩卦（夏季火旺，火剋金），冬天離卦（冬天水旺，水剋火），四季之月的坎卦（四季土旺，土剋水）卦氣都衰。

宜受他卦之生，不宜受他卦之剋。他卦者，謂用、互、變也。生者，如乾兑金體，坤艮生之；坤艮土體，離火生之。離火體，震巽木生之。餘皆仿此。剋者，如金體火剋，火體水剋之類。

體卦最好是受到他卦所生，不宜受他卦所剋。所謂的「他卦」，具體來說是用卦、互卦，和變卦。

所謂的「生」，例如體卦為乾兑金，坤艮土可以生金。體卦為坤艮土，離火可以生土。體卦為離火時，震巽木可以生火，其餘以此類推。

所謂的「剋」，例如金體被火所剋，火體被水所剋等等的。

體用之說，動靜之機。八卦主賓，五行俱有生剋。體為己身之兆，用為應事之端。體宜受用卦之生，用宜見體卦之剋。體盛則吉，體衰則凶。用剋體固不宜，體生用亦非利。體黨多而體勢盛，用黨多則體勢衰。如卦體是金，而互變皆金，則是體之黨多。如用卦是金，而互變皆金，則是用之黨多。體生用，為之洩氣，如夏火逢土，亦洩氣。

體用的原理，是動靜的機關。八卦的主體和客體關係裡，五行具備生剋的法則。體卦就是自身的徵兆，而用卦則是反應事情可能發生的端倪。體卦最好是能夠受到用卦所生，用卦最好是被體卦所剋。體卦卦氣盛那麼就是吉，體卦卦氣衰那麼就是凶。用卦剋體卦固然不好，體卦生用卦也同樣是不吉利。體卦的同黨多就是體卦的氣勢很旺盛，用卦的同黨多就是體卦的氣勢衰弱。例如，體卦是金，而互卦和變卦也都是金，那麼就是體卦的同黨多。如果用卦是金，而互卦和變卦也都是金，那麼就是用卦的同黨多。體卦生用卦，叫作「洩氣」，例如夏季的火逢土，也是洩氣（火生土）。

體用之間，比和則吉。互乃中間之應，變乃未來之期。故用吉變凶者，先吉後凶；用凶變吉者，先凶後吉。體剋用，諸事吉；用剋體，諸事凶。體生用，有耗失之患；用生體，有進益之喜。體用比和，則百事順遂。

體用之間如果是比和，那麼就是吉。互卦乃是事情中間的應驗，而變卦則是未來的應驗日期。所以用卦為吉而變卦為凶的，事情會先吉而後凶。用卦凶而變卦吉的，會先凶而後吉。體卦如果剋用卦，無論什麼事都吉。（按：剋即勝，體剋用即體勝過用，亦即本體能夠勝事，因此為吉。）用卦剋體卦，凡事都凶。體卦生用卦，有消耗損失的憂慮。而用卦生體卦，則有得到幫助的喜訊。如果是體卦與用卦比和，那麼就百事順遂，萬事如意了。

按：這裡詳列了體用之間的各種可能生剋關係。但在實際的應用上，經常會有生剋關係很混雜而無法論斷的情況，這時可用外應做最終決斷。

又卦中有生體之卦，看是何卦。

乾卦生體，則主公門中有喜益，或功名上有喜，或因官有財，或問訟得理，或有金寶之利，或有老人進財，或尊長惠送，或有官貴之喜。

又如果卦裡面有生體卦的卦，那麼就看是什麼卦。

乾卦生體，代表公門裡面有喜事或得到幫助，或者是功名上有喜事，或者從官方帶來財運，或者是與人打官司而獲勝，或者是有金銀財寶的利益，或者有老人而得到財寶，長輩贈送大禮，或者有官員權貴的喜事。

按：以五行生剋決定吉凶之後，接下來就是把八卦所象徵的卦象帶進來。如果判定為吉，那麼就是來自該卦所象徵事項的吉事。例如，若生體卦的用卦是乾卦，就會發生與乾卦卦象相關的喜事。反之，若是體卦被乾卦所剋，那麼就會發生與乾卦卦象有關的壞事。乾為君子、為大人、為官貴、為金玉、為老者、為尊長、為強健，因此此處所列喜事，都與乾卦卦象有關。乾也是正財運，因此關於事業及諸事運勢都會強健，正職收入也會有增益。

坤卦生體，主有田土之喜，或有田土進財，或得鄉人之益，或得陰人之利，或有果穀之利，或有布帛之喜。

坤卦生體，代表有田土方面的喜事，或者有田土（不動產）而進財，或者得到鄉民的幫助，或者得到陰人的利益，或者有水果、五穀的利益，或者有布帛的喜事。

按：坤為土、為鄉土、為布帛、為黍稷（五穀雜糧）、為眾、為友朋。

震卦生體，則主山林之益，或因山林得財，或進東方之財，或因動中有喜，或有木貨交易之利，或因草木姓氏人稱心。

震卦生體，代表有山林方面的好處，或者因為山林而得財，或者有來自東方的財運，或者因為行動而有了喜事，或者有木貨交易的利益，或者有來自草木部首姓氏的人來幫助。

按：震為鳴，因此有利於以演講、演藝為職者，或者有這方面的喜事。震為來，因此有來人之喜。

> 巽卦生體，亦主山林之益，或因山林得財，或於東南得財，或因草木姓人而進利，或以茶果得利，或有茶果菜蔬饋送之喜。

巽卦生體，也是代表有山林的利益，或者因為山林而得財，或者有來自東南方的財產，或者因為草木姓的人而帶來財運，或者因為茶或水果而得利，或者有茶果菜蔬等農產品的饋送等喜事。

按：巽亦主風潮、流行，因此亦主有來自流行、風潮的幫助或利益。巽為長女，有來自年長女子的幫助。巽為財利或偏財，因此會有類似利息或偏財一類的所得。巽為命令，可能因政令而受益。

坎卦生體，有北方之喜，或受北方之財，或水邊人進利，或因點水姓氏人稱心，或有因魚鹽酒貨文書交易之利，或有饋送魚鹽酒之喜。

坎卦生體，會有來自北方的喜事，或者是來自北方的財運，或者來自住水邊的人的利益，或者因點水姓氏人而順心如意，或者因為魚鹽酒等貨物的文書交易而得利，或者有人饋送魚鹽酒等喜事。

按：坎為酒食、宴會，因此會有宴會之喜。坎為勞，勞動者將有功。坎為耳，會有受到褒獎、獎勵的喜訊。坎為法（公平正義），有公平正義得以伸張之利。離象為文書，坎不是，「文書」兩字應是衍文。

離卦生體，主有南方之財，或有文書之喜，或有爐冶場之利，或因火姓人而得財。

離卦生體，代表有來自南方的財運，或者有文書方面的喜事，或者有火爐冶煉廠等相關的利益，或者因為火姓的人而得到財利。

按：離為文明，會有文藝方面的喜事。離為大腹，若是婦女會有妊娠之喜。

離為電、為目，為聰明。離為網羅（收獲），當有收獲之喜。

艮卦生體，有東北方之財，或山田之喜，或因山林田土獲財，或得宮音帶土人之財。物當安穩，事有終始。

艮卦生體，那麼會有來自東北方的財運，或者是山田相關的喜事，或者因山林田土的相關財運，或者得宮音帶土字旁的人帶來財運。事物應該會很安穩，事情會有始有終。

按：艮為手，為廬（小屋）為果蓏（瓜果、水果），為成物終物之卦，為養，為民生。若原本遇事難以結尾，得艮卦當有終成之義。

兑卦生體，有西方之財，或喜悅事，或有食物金玉貨利之源，或商音之人，或帶口之人欣逢，或主賓之樂，或朋友講習之喜。

兑卦生體，會有來自西方的財運，或者是令人喜悅的事，或者有食物金玉貨利等資源，或者商音之人或帶口字旁姓氏的人的歡喜相聚，或者代表有主人賓客之樂，或者有朋友相互講習的喜悅。

按：兌為巫為口，與口說、言語溝通相關之事都可取兌象，如官訟、研討會、研修課程、口試、面試。兌為見，失物或尋人將會出現。

又看卦中有剋體之卦者，看是何卦。

如乾卦剋體，主有公事之憂，或門戶之憂，或有財寶之失，或於金穀有損，或有怒於尊長，或得罪於貴人。

又要看卦中有剋體的卦，是什麼卦。

如果是乾卦剋體，代表會遇到與公門之事有關的麻煩，或者是會有金銀財寶的損失，黃金或俸祿的減損，或者會惹怒長輩，得罪權貴。

按：金穀，黃金和俸祿。此處的穀當指俸祿，不是五穀，因五穀的卦象為坤，乾卦主正財，俸祿即正財。俸祿即今日的薪資。

坤卦剋體，主有田土之憂，或于田土有損，或有小人之害，或有陰人之侵，或失布帛之財，或喪穀粟之利。

坤卦剋體，代表有田土方面的憂愁，或者會有田土上的損失，或者有小人的陷害，或者有陰人的侵擾，或者會有布帛方面的財產損失，或者會喪失五穀粟米的利益。

震卦剋體，主有虛驚，常多恐懼，或身心不能安靜，或家宅見妖災，或草木姓氏之人相侵，或于山林有所失。

震卦剋體，代表會發生讓人虛驚的事，經常會有很多的恐懼，或者是身心無法安寧，或者是家庭住宅裡經常發生一些妖邪災異而無法解釋的怪事，或者是有草木姓氏之人來侵擾，或者會有與山林相關的損失。

巽卦剋體，亦有草木姓人相害，或于山林上生憂。謀事，乃東南方之人；處家，忌陰人小口之厄。

巽卦剋體，和震卦剋體一樣會有草木姓氏的人來侵擾，或者會因為山林而發生一些憂愁。若是問謀事，會有來自東南方之人的麻煩。居家，最怕會有因為陰人以及小孩子所帶來的災難。

坎卦剋體，主有險陷之事，或寇盜之憂，或失意於水邊人，或生災於酒後，或點水姓氏人相害，或北方人見殃。

坎卦剋體，代表會發生危險而遭陷害之事，或者會遇到盜賊等災禍，或者因為水邊人而帶來麻煩，或者因為喝酒宴樂而發生災難，或者遭點水邊姓氏人相害，或者是北方人出現災禍。

按：坎為勞為憂，因此會有勞心勞力之苦。坎為盜，因此有盜賊之害。坎為血，恐有流血之事。坎為法，當注意有法律之事纏身。坎為牢獄，當注意有牢獄之災。坎為溝瀆為谷，當避免到有坑坎及地勢較低的相關場所。

離卦剋體，主文書之憂，或失火之驚，或有南方之憂，或火人相害。

離卦剋體，代表有來自文書方面的麻煩，或者因火而產生的驚擾損失，或者有來自南方的憂愁，或者受到火人的相害。

按：離為戈兵，可能有血光之災。離為電，當防電氣相關的災難。離為網（法網），作惡者將落入法網。

艮卦剋體，諸事多違，百謀中阻。或有山林田土之失，或帶土人相侵，防東北方之禍害，或憂墳墓不甚安穩。

如果是艮卦剋體，諸事不順，各種謀畫都會受到阻擋而停止。或者有山林田土等方面的損失，或者有帶土人的侵擾，應該防止來自東北方的可能禍害，或者要擔心墳墓有不夠安穩的事。

兌卦剋體，不利西方，主口舌事之紛爭。或帶口人侵欺，或有毀折之患，或因飲食而生憂。

兌卦剋體，不利於西方，代表會有因為口舌而發生的糾紛或爭鬥，或者帶口人來侵擾欺負，或者有毀折的災禍，或者因為飲食問題所產生的憂愁。

按：兌為稅為斂（奪），要小心有破財的危險。兌為巫，小心有鬼神巫蠱一類的麻煩。兌為稅，注意有財稅方面之意外。兌為閱（穴），當小心別到洞穴或有孔穴之處。

> 生剋不逢，則止以本卦而論之。

如果生剋不相逢，就只以本卦來談論吉凶即可。

占卜總訣詳解

除了〈體用總訣〉之外，談論總體占筮架構的重要篇章還有〈占卜總訣〉。相較之下，〈占卜總訣〉有更為簡要的架構說明，但將「刻應」獨立出成一個重要步驟，這是相當值得玩味的。

以下逐段詳細說明〈占卜總訣〉全文：

> 大抵占卜之法，成卦之後，先看《周易》爻辭，以斷吉凶。如乾卦初九「潛龍勿用」，則諸事未可為，宜隱伏之類。九二「見龍在田，利見大人」，則宜謁見貴人之類。餘皆仿此。

這裡大致說明占卜的方法，在成卦之後，要先看《周易》的爻辭來斷定吉凶，例如得到乾之姤，也就是乾卦初九爻變，那麼就用乾卦初九「潛龍勿用」占斷，凡事都不宜有所作為，宜於隱藏潛伏等等，諸如此類的。而如果得到乾之同人，也就是乾卦九二爻變，那麼就要看九二「見龍在田，利見大人」的爻辭，宜於去拜見有德望的貴人等等的。其餘狀況則仿照這裡所舉的例子。

次看卦之體用，以論五行生剋。

體用即動靜之說。體為主，用為事應。用生體及比和則吉，體生用及用剋體則不吉。

接著看卦的體用，以論斷五行生剋關係。

體用也就是動靜的理論，體是主體，用是事情的應驗。用卦的五行如果生體卦，或者和體卦比和，那麼就是吉。體卦如果生用卦，或者是體卦被剋，都是不吉，為凶。

又次看剋應。

如聞吉說，見吉兆，則吉。聞凶說，見凶兆，則凶。見圓物，事易成。見缺物，事終毀之類。

接著再看刻應（剋應）。什麼是刻應？例如說，耳朵聽到吉祥的話，或是眼睛看到吉祥的預兆，這樣就是吉。若是聽到凶惡的話，或者看到凶兆，那麼就是凶。或者是看到圓形的東西，代表圓滿，事情比較容易成功。如果見到缺損的東西，事情最後可能會毀壞等等的。

按：刻應即「當下之感應」。梅花易全書「刻應」與「剋應」的用法極為混淆，因為剋通刻，「剋應」與「刻應」相通。〈占卜十應訣〉中如此定義刻應：「刻應者，即三要之訣也。占卜之頃，隨所聞所見吉凶之兆以為吉凶之應。」但「剋應」也有推算應驗之日期的意思。為做區別，與剋期相關的稱「剋應」，與當下吉凶感應有關的稱「刻應」。

復驗己身之動靜。

坐則事應遲，行則事應速，走則愈速，臥則愈遲之類。

然後再檢驗自己身體的動靜。

例如，如果你在觀物時是坐著的，那麼事情的應驗就會比較慢。如果是在行進間，那麼事情的應驗就會比較快，人走得越快應驗就越快。如果人是躺著的，那麼應驗最慢。

數者既備，可盡占卜之道，必須以易卦為主，剋應次之。俱吉則大吉，俱凶則大凶，有凶有吉則詳審卦辭，及體用剋應之類，以斷吉凶也。要在圓機，不可執滯。

易數既然都已經完備，就可以盡情發揮占卜的道理。但這當中必須以易卦為主，以剋應為輔。如果卦象和剋應都吉，那麼就是大吉。如果兩者都凶，則大凶。如果吉凶相雜，那就詳細審驗易經的卦爻辭，以及體用剋應等等的，以斷定吉凶。重點在於「圓機」，圓融地掌握各種不同的微妙徵兆，不可以執著呆板。〈占卜總訣〉所提出的「剋應」可視為梅花易的進階課題，建議初學者可先擱置此議題，等到基本的體用方法嫻熟之後再來研究。「剋應」難在它難以捉摸，因為最後涉及的是一個「心」，或者是直覺的問題。這是屬於「三要」心訣的課題，以下〈三要心法〉將詳細探索。

三要心法

梅花心易的關鍵就在一個「心」字。但心的發用還要輔以眼觀耳聽，因此完整的心法包含了眼、耳、心三個面向。如何精準而微妙地將眼、耳、心這三個重要感官運用於占筮預測上，就是「三要」所談的課題。

三要的應用又有兩種類型，一是「靈應」，一是「十應」。但在詳論「三要」以及「三要靈應」、「三要十應」之前，由於有一些相關的基礎觀念梅花易談得非常混亂，因此有必要先釐清。

梅花易中圍繞著「三要」心法的相關觀念有：靈應、十應、外應、外卦、刻應、剋應。這些觀念相當混淆，有時又難以區別。這裡也只是嘗試找出一個大致的分別與可能的定義，方便學者研究。

三要：眼、耳、心為三要。三要之法分「三要靈應」與「三要十應」，但有時單指「三要靈應」。

靈應：即「三要靈應」，指的是對於外在訊息的直接感應，心中有靈感要發生何事。

刻應：占卜當下對於吉凶的直接感應。在「三要靈應」與「三要十應」之下，都分有「刻應」一類，但詳細推之，刻應較接近「靈應」的觀念，又略有不同。雖然靈應下還區分刻應、天文、地理、人事之應……等十幾項，但最核心與關鍵的還是事情之吉凶，也就是「刻應」所感應到的。「刻應」講的就是「見吉則吉，遇凶則凶」。相較之下「靈應」所感應到的事情較廣，許多無關乎吉凶，或者更具體將發生何事等感應，都屬於靈應的範疇。由於占卜多是與吉凶有關，因此也可將刻應視為狹義的靈應，靈應為廣義的刻應，三要（含靈應與十應）則是最廣義的刻應。這也是為何刻應與三要、靈應經常有些混淆的原因。

剋應：應驗日期的推斷。「剋應」與「刻應」本是互通的用語，剋即刻，刻定日期的意思。但梅花易中「剋應」又有兩個意思。一是前述三要之訣的刻應，二是刻定應驗之期的剋應。為了觀念上有所區隔，可將「刻應」界定為前述作為三要之訣的刻應，而「剋應」定義為刻定應驗之期。但即使如此，全書之中有很多談「剋應」的章節，其實講的還是三要之訣的「刻應」。

十應：以所觀之物找到有意義的訊息，將其轉為卦象。例如看到火取象為離，水取象為坎，老人取象為乾。取得的卦象成為影響體卦的「外卦」，有時又稱「外應」，可對體卦產生五行相剋之作用，對預測之事的吉凶有時可以有關鍵性的影響。和「靈應」的差別在於，靈應並沒有卦象的轉化，而是直接感應將發生什麼事。十應則一定要將現象與卦象關聯起來。

外卦：依「三要十應」所取得的卦象。在完成起卦之後，得到的卦象都是屬於「內卦」，所以內卦包括了用卦、互卦，與變卦。而在起卦當下，三要對於環境另有感應時，則可再取得更多對體卦產生作用的卦象。例如，起卦當下感到起風覺得這風有問題，可再取巽象，再看巽木對體卦之生剋。「外卦」和「外應」很像，但有個細微的差異。有時「外應」意指內卦卦象與外在環境的彼此呼應，這時「外應」又比較像是「靈應」或「刻應」了。

外應：外應即「外卦之應」，所以可視為「外卦」的另一稱呼。但有時又不像是指外卦，比較像是內卦卦象與外在環境的彼此呼應，這時又和「刻應」有些相似，或者說是一種「靈應」。大致而言，「外應」與

「刻應」的差別，很像「十應」與「靈應」的不同。刻應直接以感覺斷吉凶，外應則是會將對外在環境的感覺與內卦卦象關聯起來。

由於三要屬於「心法」範疇，可能是師徒私相受授的所謂傳授之法，在梅花心易傳世而至成書過程當中，傳授者各有所知，各有心得，因此對於這些觀念的闡述不免難以統一而有些混亂。在努力釐清各個觀念與定義的同時，也建議學者，應多用心領略其義理內涵，不要拘泥於定義。

另外在第一卷中有所謂的「風覺鳥占」，所言理論框架及方法，大致上與三要靈應及三要十應差不多。

三要靈應與刻應

「三要者，運耳、目、心三者之要也。靈應者，靈妙而應驗也。」

「三要」指的是眼、耳、心三個重要的感官。靈應則是靈妙的應驗。「三要靈應」意指在觀物過程中，要能夠眼觀，耳聽，而心領神會。寂然不動，感物遂通。

因此「三要靈應」強調人只要能夠善用自己的眼、耳、心三官，就能夠見微知著，明察秋毫，直接以感官來預知吉凶禍福。

其實這原理也沒有什麼神秘性，事關的還是自己的修為，像是莊子講的「齋心」功夫，讓你的心靈與五官能夠像明鏡一樣，如實照鑑萬物。只不過如何達到那境界，就難以言說了。

靈應有時又稱刻應，或剋應，但兩者還是有些差別。〈占卜十應訣〉中如此定義刻應：「刻應者，即三要之訣也。占卜之頃，隨所聞所見吉凶之兆以為吉凶之應。」「三要之訣」即指「三要靈應」。

狹義的刻應是「三要靈應」的一種，「三要靈應」分刻應、天文、地理、人品、人事、器物、草木、禽獸、雜見觀物、拆字、諧音、自己、動靜等不同的應驗形態。刻應則專指「見吉則吉，遇凶則凶」。

至於靈應和刻應實際上要怎麼用？〈三要靈應篇〉之後有首〈觀物洞玄歌〉，據該首歌謠的介紹，以前牛思晦一到人家裡，馬上就能夠感覺到「宅氣」而知道這一家人的吉凶禍福，或者該戶人家會發生什麼事，而這首歌就是講關於宅氣的占驗。歌謠結尾並說明：「〈洞玄歌〉與〈靈應〉同出而小異，彼篇多為占卜而訣，蓋占卜之際，隨所出所見，以為剋應之兆。此歌則不特為占卜之事，一時而入人家，有此事，必有此理。蓋多寓觀察之術也。」因此洞玄歌所展示的占斷法，就是「三要靈應」或刻應的占斷之法。

以下摘錄〈洞玄歌〉：

自然馨香如蘭室，福至無虛日。
雞豚貓犬穢薰腥，貧病至相侵。
男妝女飾皆齊整，此去門風盛。
家人垢面與蓬頭，定見有悲憂。
鬼啼婦歎情懷悄，禍害於陰小。
老人無故泣雙垂，不日見愁悲。

意思大概是說，屋子如果滿室馨香，有如進入蘭花室，那麼這家人就會有福氣，充實而不貧乏。如果家裡都是雞豬貓狗等動物的臭味，那麼貧窮病痛會不斷侵襲。如果家人不論男女，穿衣打扮都很整齊，門風會鼎盛。如果家人都是蓬頭垢面的，一定是悲傷憂愁的事接踵而來。聽到鬼在哀啼，婦人在歎息，讓人不禁悲從中來，這家會受到陰魂或小人的禍害。老人家沒事在哭哭啼啼的，馬上就會發生讓人悲愁的凶事。

卷四占字篇中另有〈玄黃剋應歌〉，這段歌訣的前言這麼說：「玄者天也，黃者地也，應者剋應之期也。天地造化，剋應之謂也。」雖然開宗明義說這講的是「剋應之期」，但整首歌訣和剋應之期完全無關，多數與靈應或刻應之訣相關，例如：

一女一子成好事，群陰相挽是仍非。
若見女人攜女子，陰私連累主官非。
忽然寫字寬衣帶，諸事從今可解圍。
跛子瞽人持杖至，所謀蹇滯不能為。

梅花易全書裡諸如此類的歌訣非常的多，在此就不再列舉。這種占法就技術層面來說是否可行，理論多是玄之又玄，不知所云。至於像這樣直接訴諸樸素的直覺聯想來預測未來，到底可不可信？信者恒信，不信者恒不信，因此我們姑且存而不論。比較可以客觀探討的是，如何把屬於「直覺」層次的「靈應」、「刻應」應用於吉凶的占斷上？有占例嗎？

〈卦斷遺論〉舉了幾個占例並做了解釋。以下分段解釋：

凡占卜決斷，固以體用為主，然有不拘體用者。

凡是占卜，在決斷的時候，固然是以體用為主，然而也有不拘泥於體用框架的。

如起例中，西林寺額得山地剝，體用互變，俱比和，則為吉，而乃不吉，何也？蓋寺者，純陽人居之地，而純陰爻象，則群陰剝陽之義顯然也。此理甚明，不必拘體用也。

如西林寺牌額占，所得到的是剝之艮卦，體卦、用卦、互卦、變卦全部比和，全部都是土，體卦艮土卦氣極旺，理應大吉，最後斷定為不吉，說是「陰人作怪」，為什麼？占卦者在彼時彼地看到感受到的是一個「純陽之所居」的場所，而剝卦為五陰將剝一陽之象，由於感受到的氣氛和卦象直接契合，這個道理很清楚，因此就不拘束於體用，直接以剝卦卦義來論斷。

又若有人問：「今日動靜如何？」得地風升，初爻動，用剋體卦，俱無飲食矣，而亦有人相請，雖飲食不豐，而終有請，何也？此人當時必有嘗日之應，又有「如何」二字帶口，為重兌之義。

再如「今日動靜如何」的占例，得到地風升之地天泰卦，升卦初爻動，用卦剋體，照理說完全沒有飲食之象，但竟然斷定說會有人請客，雖然飲食不豐盛，但最終還是有人請客，為什麼？占斷這一卦的人，當時必定有所應（即刻應、靈應），再者，起卦所用的「今日動靜如何」六字中，又有「如何」兩字，各帶一個「口」字，即重兌的意思。

按：重兌為朋友講習之義，可能由此引申為宴客。或者由此推斷出今日動靜是與口欲有關之事。「此人當時必有當日之應」一句指出的是「靈應」，即占斷者當下所感受接收到的外在訊息而有此靈感。而「又有如何二字帶口」則是「十應」的方法，雖說「拆字之應」被歸類於「靈應」，但由於這個例子中將所拆的字對應到卦象，因此可歸類為十應或外應。

又有用不生體，互變生之而吉者，若少年有喜色，占得山火賁是也。又有用不生體，互變俱剋之而凶者，如牛哀鳴占得地水師是也。蓋少年有喜色，占則略知其有喜，而易辭又有「束帛戔戔」之吉，是二者俱吉，互變俱生，愈見其吉矣。雖用不生體不吉，不為其害也。牛鳴之哀，則略知其有凶，而易爻復有「輿尸」之凶，互變俱剋，愈見其凶。雖用爻不剋，不能掩其凶也。

又有用卦不生體卦，但互卦或變卦生體卦而論斷為吉的例子，像少年有喜色的卦例，占得山火賁卦六五爻動。

又有用卦不生體卦，但互卦變卦都剋體而斷定為凶的，如牛哀鳴占得到地水師卦六三爻動。

這是因為，少年面帶喜色，占斷的時候就已經大概知道他有喜事了，然後易經爻辭又說「束帛戔戔」的喜事判斷，刻應吉然後爻辭又是吉，兩者都吉，互卦與變都生體卦，那就更吉了，雖然體卦生用卦為洩氣，原本應該是不吉，但也無法受到這個卦象的傷害。

至於牛鳴之哀的卦例，聽到牛在哀鳴就大概知道有凶象了，而易經爻辭又有「輿尸」這麼凶的判斷，互卦震木和變卦巽木都剋體卦坤土，這就是凶上加凶。雖然用卦被體卦所剋為吉，仍然無法掩蓋這樣的凶象。

蓋用易斷卦，當用理勝處驗之，不可拘執於一也。

所以用易論斷事情，應該在「理勝」，也就是比較有理、道理比較站得住腳的地方來檢驗，不能夠拘泥偏執於單一的卦象或方法。

值得注意的是，〈卦斷遺論〉所舉卦例多數是後天卦，而我們比對梅花易所有的後天卦例之後發現，刻應或靈應在後天卦的吉凶占斷上似乎非常重要而關鍵，並不是〈占卜總訣〉說的卦爻辭為主，刻應其次。幾乎每一卦都是先有刻應的吉凶定見，然後再起卦套象，引用卦爻辭來解釋這個定見。

老人有憂色占↓凶：謂老人曰：「汝於五日內謹慎出入，恐有大禍。」果五日，此老赴吉席，因魚骨鯁而終。

少年有喜色占↓吉：十七日內必有幣聘之喜。至期，果然定親。

牛哀鳴占↓凶：此牛二十一日內必遭屠殺。後二十日，有人買此牛，殺以犒眾，人皆異之。

雞悲鳴占↓凶：此雞十日當烹。果十日客至，有烹雞之驗。

枯枝墜地占↓凶：此樹十日當伐。果十日，伐樹起公廨，而匠者適字「元夫」也。

我們以雞悲鳴占為例，該卦為小畜之乾，體卦為乾金，變卦與體互都與體卦比和，體卦也剋用卦之巽木，雖然有用互離火剋乾，但總體的生剋來看顯然是吉卦。易經小畜六四爻辭為：「有孚，血去惕出，无咎。」不是很吉，但也不致於凶到該被烹煮的地步。整個占斷的關鍵還是在於起卦的刻應為「有雞鳴於乾方，聲極悲愴」，占者已聽出「悲愴」之音，吉凶判斷已先有定見於心，起卦只是要為這個凶的判斷套象，找出更多的預測資訊而已。所以卦爻辭講的到底凶不凶也不是重點，重點在於能不能提供他所想要的資訊來解說這個凶應。除非卦爻辭與他的感覺相去太遠，再另做他論。而卦象的生剋，只要能夠找到符合這個定見的卦象，就可算數，不用去考慮總體生剋與卦氣，是否對體卦來說為吉。同時卦象也有個重要作用，就是幫忙找到能夠解釋及預測「刻應」的資訊。

再如少年有喜色占，得卦賁之家人，離火為體，用卦艮土洩離火之氣，體互坎水剋火，雖然有震木和巽木生離火，但此卦頂多也只能打平，不吉不凶。之所以斷定為吉，主要還是在於刻應，因占者已先看出「少年有喜色」，有喜事臨身，起個卦只是要猜猜是什麼喜事，所以反而卦中凶象就不去理會。

至於怎麼知道占者真的知道雞鳴悲愴，牛鳴哀傷，這就要問莊子了：

莊子與惠子遊於濠梁之上。莊子曰：「儵魚出遊從容，是魚之樂也。」

惠子曰：「子非魚，安知魚之樂？」

莊子曰：「子非我，安知我不知魚之樂？」

惠子曰：「我非子，固不知子矣；子固非魚也，子之不知魚之樂，全矣！」

莊子曰：「請循其本。子曰『汝安知魚樂』云者，既已知吾知之而問我。我知之濠上也。」

三要十應

「十應」和「靈應」都要善用三要，但卻是完全不一樣的運用方式。

靈應指的是眼耳心對於事理的直接感應，因此所揭示的吉凶無關乎卜筮、占卜等技術性問題，一切吉凶存乎一心之觀物感應。感應到吉就是吉，感應到凶就是凶。或者換另一種說法，其對於吉凶的鑑知，先於占筮與卦象。

而「十應」則是在「體用」的五行生剋基礎上，另外再以「十種現象的感應」來取象，這些象有時又稱「外卦」，卦外之卦的意思。相較之下，畫出來的眼睛看得到的用卦、互卦，與變卦為「內卦」。因此十應所揭示的吉凶是在卦象形成之後，而靈應則在卦象形成之前吉凶已現。

「十應」並不限於十種感應，實則包含各種感官能夠覺知的現象，凡是能夠轉為卦象的現象與事物，全都包括在內。十只是一個稱呼，在十應的相關篇章中，也有列出十一應的。甚至你說他是百應、萬應也是可以的。

〈十應目論〉後面共列出天時（例如雨天可取象坎水），地理（見到山則為艮），人事（見老婦則為坤），時令（看月、日之五行），方卦（如離南坎北）、動物（如龜鱉為離，雞為巽），靜物（看器物的形色，如圓物為乾，中空者為離，缺損者為兌），言語，聲音、五色，寫字等十一應。

但〈占卜十應訣〉這麼說：「蓋十應之說，有正應、互應、變應、方應、日應、刻應、外應、天時應、地理應、人事應，所謂十應也。」此說似乎把「十應」當作任何會對「體卦」產生作用的可得卦象，甚至包括「吉凶的感覺」，也就是刻應。和前面〈十應目論〉所列者的最大差異，是把內卦也納入了十應卦。

〈占卜十應訣〉所說的「正應」，即是「體用」架構中的用卦之應。「互應」為「互卦」之應。「變應」為變卦之應。這些「應」，在其他篇章中被視為「內卦」，是指可以在所起的卦中所看到的卦象。

「方應」為求占者從那一個方位來（即前述的方卦），這個方位的應卦是吉是凶。「刻應」為「三要」之應，就是在起卦當下眼耳心觀物感應到的吉凶應驗。天時、地理、人事則如前所述。「外應」為「外卦之應」，所謂外卦，是指起卦時感應到周遭環境的景物，以此取卦。在其他篇章裡「十應」被視為「外卦」，但在〈占卜十應訣〉和其他篇章不同，反將「外卦」納入十應的一項。

更精確的來說，「十應」其實是「體一用百」的概念，即是以「三要」之法而取得各式卦象，這些卦象完全是不受限的，十應只是舉其要而已：「互變亦用也。此內之體用也。又次看應卦，亦用也。此合內外之體用也。然則不止一體一用，所謂體一用百也。」

十應與外卦問題

梅花易一書不只談十應相當混淆，十應又和外卦、外應混雜難分，這裡先談外卦。

經過仔細研究只能夠大致推論，「十應」有點像是架構在既有的「體用」框架上去採用更多可能「應驗」的卦象，這些卦象因取象規則不同，無定法可論，而含混的統稱為「十應」。而當你要強調它和原本用互變卦的差別時，可用「外卦」稱之，如若要強調它與「內卦」卦象之間的彼此呼應關係，又可稱為「外應」。

以前述「體一用百」的觀點來看「十應」，十應比較像是「外卦」的意思，這顯得有點畫蛇添足，整本書裡完全沒有諸如十應，以及外卦的實例運用。同樣情況的還有「卦氣」理論，例如春天為震巽卦氣旺，坤艮卦氣衰。在全書中卦氣的衰旺理論也是講得很多，但是在梅花易的占例中，卻也同樣看不到實際的應用。

〈遺論〉說「蓋泛泛人起卦之訣，十應為傳授之訣」，看來像是江湖術士在故弄玄虛，諸如此類的言論在《梅花易》一書中到處可見。但也有人認為這是梅花易最精髓而不為人所知的真正奧祕之所在，而預測之準與不準，就在這個「心易」要訣上。由於三要十應屬於心法的傳授之訣，因此書中難見全貌。

從另一觀點看，這也可能是江湖術士的詭計。怎麼說？

我們以周易為例。

很多易經的闡述者不斷在鼓吹周易如何精妙，可以預測人間一切吉凶禍福，凡事卜個一卦就一定能夠算得出結果。說易者莫不以此做為號召。

但事實上這是一個大謊言，為了圓這個謊，那麼就要採取「亂槍打鳥」、「混水摸魚」的策略，所以一些「亂象」就出現了。

若以春秋筮例的古法來分析古代的占斷法則，其實相當簡明。原本一個卦出來之後，該以那一條卦爻辭來解釋事情是極為精簡而明確的，只要以簡單的一兩條卦爻辭去推理即可。

但這樣「失準」的機會太大了，所以最好盡其可能變出更多適用的卦爻辭或卦象來解釋，那麼就可以確保「萬無一失」，因為最終一個卦出來，要如何解都行，反正只要事前解卦時「天機不可洩漏」不要把話講死，然後事後諸葛就好，這時有很多卦爻辭任你選用，怎麼算都準。也因此，互卦、旁通卦、反對卦、變卦…能夠用到的卦與爻全都用上，然後玄之又玄，聽者迷惑而覺高遠，講者則可賣弄玄虛以樹威權。

作為外卦之用的「十應」之說很可能就是基於這樣的設計。一個八卦卦象、兩個卦象、四個卦象不夠，最好能夠變出十幾個。但其實最多就是八個！所以「十應」就是一個「八卦大全餐」強迫中獎的概念。八卦都能取到象之後，一切的吉凶休咎的可能性也就都全部包含進來了，只要事後諸葛就怎麼算都準了。

外應用法

〈十應奧論〉後有一篇〈遺論〉這麼說：

若觀梅卦例曰「今日觀梅得革，知女折花，有傷股」，明日觀梅得革，亦謂女子折花，可乎？占牡丹例曰「今日算牡丹為馬踐毀」，異日算牡丹亦為馬所踐，可乎？是必明其理。又於地風升卦，無飲食之兆，而知有人相請。此要外應訣之。

這段意思大概是說，今天觀梅得到革卦說有女孩折花然後傷股，難道每次得到革卦都要這麼占斷嗎？為何唯獨這一次這麼斷，而在不同時空時又會做他斷？這是因為所處時空不同，所遇外物與感應也不同。因為在此時空有少女折花的外應之象，所以取此象。在其他時空條件下，可能又有其他外應，那麼就當取其他的象。再如牡丹占、「今日動靜如何」占也都是同樣的道理。

這裡點出了一個關鍵問題，如何決定八卦該取什麼象？觀梅占裡兑卦為何取象少女，而不是巫師，或者是羊，或是口？而到牡丹占裡，乾象為馬，而不是老人？「外應」似乎是這個問題的最終解答。

至於什麼是外應？外應有時稱外卦之應，但有時和刻應似乎又有點像。刻應比較屬於靈應，屬於吉凶的直觀。而外應似乎較偏向十應，會把所觀之物與卦象關聯起來，但又與十應和外卦觀念有所不同。

關聯現象與卦象有兩種主要方式。一是把現象轉為卦象，那麼就稱外卦之應，與「外卦」可說是同義。這樣的外應，在內卦五行生剋的吉凶難斷時，或許有「關鍵一票」的作用。例如，假設用卦、互卦與變卦，剛好兩卦剋體，兩卦生體，難斷吉凶，這時剛好起風，巽木剛好生體，那麼可依此巽風的外卦把這一卦斷定為吉。但這樣的卦例，在梅花易一書中卻不存在。

這裡所說的「外應」則是把內卦對應到外面相對應的現象，這樣讓先天起卦所得的卦象，在取象上能夠有一個明確的指向。例如，觀梅占依時間數得到了革卦，體卦為兌卦，兌卦如何在那起卦的當下指向就是少女之象？或者是一群羊來爬樹？因為要能夠明確的定出一個象，才能夠達到真正預測的目的。

我們先以牡丹占為例，這一卦例以巳年三月十六日卯時起卦而得姤之巽，即姤卦九四爻變。巽木為體，而用卦與兩個互卦都是乾，三乾剋一木之象。乾卦之所以取馬象有兩個原因，一是當天觀牡丹是在「司馬公」家，而巽木所寓之體既然是牡丹（巽可取象為花草），那麼可傷牡丹者當為馬。另一原因，當天所觀者為「牡丹」，牡為雄性的家畜，周易經文坤卦又有「利牝馬之貞」，傳統也會以坤卦卦辭引申解釋為乾是牡馬，因此「牡」與乾象相遇的最佳取象就是馬。

「今日動靜如何」的占例為地風升初爻變成地天泰，〈卦斷遺論〉這麼解釋：「此人當時必有當日之應，又有如何二字帶口，為重兌之義。」意思是說，當時在占解這一卦的人，在當下一定有相對應的外應而讓他有這個聯想，雖然這個聯想脈絡似乎不見了，但從「如何」兩字都有帶「口」也可略推一二，二口為重兌之義（兌為口，為飲食），可能因此而把互卦中的兌聯想至口腹之欲。

觀梅占是比較難解的一卦，四川靈寶樓主海天先生所著《梅花幽秘》一書對該卦例的「外應」有相當精闢的解析，但書中為觀梅占另提出一個「恒卦」為外卦[1]，這個論點還有待商榷。他認為，兌所以取象為少女，是因為二雀爭枝，雀字由「少佳」組成，即「少年佳人」，少年佳人就是少女，因此這是拆字應。（按：梅花易將拆字應歸類為三要靈應，但此例有對應到八卦卦象，因此可歸類為十應。）「二雀爭枝」有相爭之象，而有「園丁不知而逐之」的判斷。「女子失驚墜地，遂傷其股」則是「二雀爭枝墜地」的映射。

---

1 海天先生引〈體用互變之訣〉「例如觀梅恒卦⋯⋯」認為這恒卦是當下起的外卦，並以此定下吉凶。恒卦的取卦方式為二雀爭枝在上為震（震為動），梅花為巽。但梅花易並無如此起卦之例。後天卦是以象為上卦，方位為下卦，合兩卦再加時得變爻。除卻恒卦為外卦的爭議之外，海天先生對外應的分析相當精闢而有見地。

坐端法

梅花易後天起卦法又叫「後天端法」，就是以現象為上卦，方位為下卦。變爻則取上下卦數再加上時間之數。

〈占卦坐端之訣〉則是另一種同樣運用後天八卦方位來占卜的「坐端」占法，但和後天端法不大一樣。這個方法也可視為後天八卦在居家風水上的簡單應用，其特點是不取變爻，直接以方卦為體，現象為用。其餘的占法原理，大致與梅花易的體用生剋差不多。

「端」這個字可以說一語多關。《說文》：「直也，正也。」端法就是心法，如何端正你的心的方法。端者專也，心正則專一。端也有端點、起點的意思，《禮記．禮運》：「人者，天地之心，五行之端也。」心是五行之理的起點，也是感物應物的起點。端者方也，後天端法就是以後天八卦方位來起卦的方法。

〈三要靈應篇〉提到「皇甫坐端之妙」，後又提到「皇甫真人」。顯然坐端法是皇甫真人所用的一種占法。但皇甫真人是誰仍有待查證。

《歷世真仙體道通鑑續編》載有宋高宗寫的〈皇甫真人像贊〉：「皇甫高士，眉字列仙。以道與世，孰計其年。閑雲在空，孤鶴行天。掀髯一笑，同乎自然。」這位皇甫真人本名皇甫坦，有時稱皇甫高士，《宋史》有傳。據載，他善醫術，顯仁皇太后得目疾，國醫都無法醫治。她夢見一位長髯廣耳的黃衣道人，說可幫他把病醫好。正遊臨安的皇甫坦被召入宮之後，為皇太后「噓呵布氣」，皇太后眼疾就好了，睜開眼馬上認出皇甫坦就是夢中的道人。

但這位皇甫真人並不確認是否就是坐端法的祖師，雖然他有醫術又善於面相。依〈三要靈應篇〉條列人物的順序來推定，皇甫真人像是三國至唐朝之間的人物。雖然該篇的人物排列在時代順序上有些微的錯亂，但大致上還是依照朝代先後而排列。皇甫坦為南宋初年的人物，顯然晚於邵康節，因此安排在麻衣真人前仍有諸多疑點。晉朝名醫皇甫謐也有被稱為真人的可能，但遍查古籍卻未見這個稱呼，而且皇甫謐並不以卜筮、命理聞名。

「坐端」的基本方法是以每個方位的「方卦」為體，然後所感應到的現象為用。感應時可用三要之法。三要有兩種用法，一是靈應，感應到吉就是吉，是凶就是凶。二是十應之法，看那一個方位有出現什麼象，再看該象的五行對於感應之方是生是剋。

那一個方位出現吉凶之兆，就代表該方位卦象所象徵的人事物有吉凶之應。因此只要依理為八卦套象即可。例如，乾宮（右後方位置）出現吉象，可能代表家中父親或男性尊長會有喜事。其餘以此類推。

以下詳細解說〈占卦坐端之訣〉全文。

坐端者，以我之所坐為中，八位列于八方，占卦決斷之。須虛心待應，坐而端之，察其八卦八方應兆，以為占卜事端之應。隨其方卦有生剋之應者，以定所占之家吉凶也。

所謂的坐端，以我所坐的地方當中心，然後八卦就依後天方位排列。再以解釋卦象的方法來做決斷。必須虛心等待感應，坐下來等待事端的感應，觀察八卦八個方位感應的預兆，以做為占卜事端的應驗。循著方卦中有生剋感應的地方，用以斷定所要占卜的這一家人的吉凶。

按：八卦的排列，前方為離，後為坎，左為震，右為兌。左前為巽，右前為坤。左後為艮，右後為乾。

如乾上有土生之，或乾宮有諸吉兆，則尊長老人分上，見吉慶之事。若乾上有火剋之，或有凶兆，則主長上老人有憂。

假如乾的方位上有土象的東西產生，或者乾宮裡有出現各種吉詳的預兆，那麼家中的尊長老人會遇到一些喜慶的事。但假設乾卦方位上有火相剋，或者有凶兆，代表尊長還有老人會有憂慮之事。

按：吉兆或凶兆有兩種決定方式，可依三要之法。若依三要靈應之法，見凶則凶，見吉則吉。若依三要十應之訣，有生金之象都屬吉兆，如土生金，或者金與金比和，都是吉象。有剋金之象的火，或者是洩乾金之氣的水，都屬於凶象。

坤上有火生之，或坤上有吉兆，則主母親分上，或主陰人有吉利之喜。坤宮見剋，或有凶兆，則主老母陰人有災厄。

坤宮上有火可以生土的話，或者是坤上有吉祥的預兆，那麼代表主人的母親身上，或者陰人有吉利的喜事。如果坤宮受到木所剋，或者是有凶兆，代表主人的老母親或陰人會有災厄。

按：陰人的意思相當混雜，有說是為陰間辦差的人，或者從事的職業是與陰事有關的⋯⋯。這裡談的是居家風水，或可泛指婦女。

震宮有水生之，及東方震宮有吉兆，則喜在長子長孫；見剋而或見凶，則長子長孫不利。

如果是震宮有水生震木，或者是東方震宮有什麼吉兆，那麼在長子或長孫身上會有喜事發生。若是震宮見剋或見凶兆，代表對長子或長孫不利。

坎宮宜見五金及有吉利之讖，則喜在中男之位；若土剋，或見凶，則憂在中男矣。

坎宮最好能夠看到五金或者是能夠有吉利的預兆，那麼中男將有喜事發生。如果受到土所剋，或者見到凶兆，那麼中男恐怕堪憂。

離宮喜木生之，或有可喜之應，則中女有喜；若遇剋或見凶，則中女有厄矣。

離宮喜歡有木來生火，或者是有喜事的應驗，那麼中女將會有喜。如果遇到被剋或者有凶象，那麼代表中女將遭受困厄。

艮為少男之位，宜火生之，見吉則少男之喜；若遇剋，或見凶，則災及少男。問產必不育矣。

艮是少男的位置，最好能夠有火來生土，這個方位見吉象，代表少男將有喜事。如果被剋或者見凶象，少男就會遭災，若問生產，一定代表無法生育。

兌為少女，土宜生之，見吉則少女有喜，或有歡悅之事。

兌宮是少女，最好有土來生金，若有吉象那麼代表少女有喜事，或者有歡喜的事情發生。

若問病，如乾卦受剋，病在頭。坤宮見剋，病在腹，推之震足、巽股、離目、坎耳及血、艮手指、兌口齒，於其剋者定見其病。

如果是問病，乾宮受剋代表病痛在頭部，坤宮被剋代表病痛在腹部，以此類推。如震為足，巽為股，離為目，坎為耳和血，艮是手指，兌是口和牙齒，看是什麼宮被剋就是病痛發生在身體什麼位置。

至於八端之中，有奇占巧卜者，則在乎人。此引其端為之例也。

至於八個方位裡面，還有各種奇巧的占卜方法，如何巧妙運用在於每個人的巧思不同，這裡只引述其開端做為占例而已。

外卦五行辨偽

由於坐端法若採用「三要十應」之訣判斷吉凶，將完全以外卦為用卦，這時候判斷外卦五行的「真假」就非常重要。這是〈體用生剋之訣〉中所探討的議題。所謂真假，例如看到紅色的東西，這種外應在五行上屬火，但這種火不是真的火，只是形色上的火，因此若剋到金，頂多也只是個不順，不會有大的影響。但若是遇到爐灶的火，或者是熊熊烈燄，這就是真的火，那麼對於乾金兌金的相剋就很嚴重。反過來，只是看到紅色物體，這種火對於坤體的生也不是真生，要諸如爐灶這種火才能夠對坤土艮土產生真正的相生作用。

以下是〈體用生剋之訣〉詳解。

占卦即以卦分體用互變，即以五行之理斷其吉凶。然生剋之理，於內卦體用互變，一定之生剋。若外卦，則須明其真生真剋之五行，以分輕重，則禍福立應。

解釋卦的吉凶就是把卦分成體卦、用卦、互卦、變卦，再以五行生剋的道理來判斷它的吉凶。但是，生剋的道理，若是在內卦的體用互變來看時，生就是生，剋就是剋，這是簡明而一定的道理。假設現在看的是外卦，那麼就要看它是不是真生真剋的五行了，分出五行影響的輕重，那麼福禍馬上就可以應驗。

何也？假如乾兌之金為體，見火則剋，然有真火之體，有火之形色。真火能剋金，形色則不能剋。能剋則不吉，不能剋則不順而已。

怎麼說呢？假如乾金或兌金為體卦，遇到火就是被剋。但有真的是火的物體，也有只具火的形色的物體。真火的物體就會剋到金，只具形色的火就不能剋金。遇到能夠剋金的火，就真的不吉。若是無力剋金的火，那麼只是帶來不順而已。

蓋見爐中火，窯灶之火，真火也。烈焰巨炷，真火也。乾兑為體，遇之不吉。若色之紅紫，形之中虛，槁木之離，日灶之火，則火之形色，非真火之體，乾兑之體，不為深忌。又若一盞之燈，一炬之燭，雖曰真火，微細而輕，小不利耳。

例如，你遇到的是爐子上的火，或是灶窯裡的火，這是真的火。熊熊烈燄或噴火的火柱，這也是真火。體卦是乾兑的話，遇到這種火就不吉。如果遇到紅紫色的東西，形態上是中空的東西（像是烏龜、盒子），或者是枯掉的樹枝，等等這些離火之象，或者是日照的火象（按：日灶應是日照之誤），這些都只是具有火的形色而已，不是真的具有火的形體，乾兑做為體卦，對這種火不會有太大的忌諱。或者像是一盞燈火，一柱燃燒的臘燭，這雖然是真的火，但都屬於細微而輕，不成氣候的火，只是會帶來不利而已。

又若震巽之木體，遇金則剋，然釵釧之金，金鉑之金，成錠之銀，杯盤之銀，與器之錫，瑣屑之銅鐵皆金也。此等之金，豈能剋木？木之所忌者，快刀銳刃，巨斧大鋸。震巽之體，值之必有不吉。

又假設體卦是屬木的震巽，遇到金就會被剋，但是像金釵或玉鐲這種用來裝飾的金，金鉑、成錠的銀子、銀製的杯盤，或是錫製的器物，零碎的一些銅鐵碎屑，這些都是金，但這類金，怎能真的剋到木？遇到這種金只會不順。木所真正忌諱的，是那一種很鋒利尖銳的刀或劍，巨大的斧頭，大鋸子這一類的金，震巽當體卦，遇到這種金一定很不吉利。

又若離火為體，見真水能剋。然但見色之黑者，見體之濕者，與夫血之類，皆坎之屬，終忌而不深害也。

又如果是離火為體卦，見到真的水就會被剋到，如果只是見到黑色的東西，看到濕潤的東西，或者是看到血，這些都屬於坎象，但這種水都只是小有忌諱，不會有大的傷害。

餘卦為體，所值外應，剋者皆以輕重斷之。若夫生體之卦，亦當分辨。

其餘的卦當體卦，所遇到的外應，若剋到體卦都要以這種方式看他的輕重，以做為判斷。而生體的卦，同樣也是要分辨出他的五行輕重。

土與瓦器皆坤土，金遇之，土能生金，瓦不能生也。樹木柴薪，皆木也。離火值之，柴薪生火之捷，樹木之未伐者，生火之遲也。木為體，真水生木之福重，如豕如血，雖坎之屬，生木之類，輕也。其餘五行生剋，並以類而推之。

泥土和瓦器也都是坤土，若金遇到這些東西，泥土是可以生金的土，而瓦器這種土就無法生金了。樹木和柴薪都是木，離火遇到這些木，乾柴可以生烈火，火燒得快又旺，但是還沒砍的樹要生火的話就慢了。如果是木卦為體，真水生木所帶來的福氣就很大，但假設只是看到豬或看到血，雖然這些都是坎象，但這種不屬於真水的水，可以生木的能力就有限。

其餘的五行生剋，都可依照這個道理來舉一反三。

剋應之期

〈占卜剋應之訣〉：剋應者，所謂剋期應驗也。占卜之道，無此訣，則吉凶成敗之事不知應於何時。故剋應為卦之切要也。

對於一件事情的吉凶，進一步推算它的應驗時間，這是屬於「剋應之期」的課題。

剋通刻，「剋應」即「刻應」，但梅花易另有不同意思的「刻應」用語，使得這兩個辭彙有些混淆。「剋應」講的是如何推算應期，而「刻應」指的是三要之訣，見凶即凶，見吉則吉的當下感應。但梅花易中的「剋應」一辭有時指的是應期之推算，有時又指三要中的「刻應」。這裡要討論的，主要是指應期如何推算的問題。

梅花易的剋應推算方法算是相當簡單。雖簡單，但由於是幾個不同方法原則的交叉使用，雖有統一或一致的算法，也因此造成一些混亂。

本文會先將梅花易數中的所有相關主張整理一遍，最後再總和一個較為合理與可行的方法。

〈先天後天論〉

先天之卦，定事應之期，則取之卦氣，如乾兌則應如庚辛及申金之日，或坤為戌亥之日時，兌為酉日時。如震巽當應於甲乙及五木之日，或震取卯，巽取辰之類。

後天則以卦數加時數，總之而分行臥坐立之遲速，以為事應之期。卦數時類，應近而不能決諸遠者，必合先後之卦數取決可也。

根據〈先天後天論〉，事情剋應日期的計算，因先後天起卦的不同而有差異。先天起卦者，以「卦氣」來推算。例如，假定體卦為乾兌，屬金，那麼在庚辛及申等屬金的日子裡卦氣旺，可推得吉應之期。反之，若為丙丁等屬火之日，乾兌的卦氣衰，為凶剋之期。由此看來，吉應似乎是以「比和」為主，而不是五行的相生。但在體用論中，吉象通常是以「用生體」論斷居多。因此用卦氣旺（相當於比和之象）來論吉應之期，也不能當做通例，照理說，具有生體之象者亦可視為吉應。

不過在〈占卦訣〉則有比較合理的調整，是以生體的卦氣來論吉應：

若以日期而論，看卦中有生體之卦，則事應於生體卦氣之日；有剋體之卦，則事敗於剋體卦氣之日。要在活法取用也。

後天卦則分別將上卦與下卦的先天數相加，再加上時間之數。姑且將這個數稱為「成卦之數」。接著還要看觀象時人是坐臥立行，如果觀象時人是躺著，那麼應期最慢，其次則是坐著。如果人是站著，不快不慢。如果人是在行進間，那麼事情的應驗就快。假設人走的快，那麼應驗又要更快。應驗快者，可能要將成卦之數打對折，例如，若成卦之數為十的話，就五天應驗。慢的話，則可以將該數加倍。而如果推理認為事情的應驗應該是以年為單位，那麼可在這數之後加上年，例如占問新建房子未來的毀壞。當然也可依事情屬性不同將單位改為時、周，或月，後面該加什麼單位，只要依事理來推斷即可。

如前所述，〈先天後天論〉中特別強調先天卦和後天卦在應期的計算上當有所不同。但在〈占卜剋應之訣〉中兩種方法的差別就沒如此嚴格區分，兩者同樣都可以成卦之數來決占，以下簡要說明：

剋應者，所謂剋期應驗也。占卜之道，無此訣，則吉凶成敗之事不知應於何時。故剋應為卦之切要也。然剋則最難，有以數而剋之者，有以理而剋之者，皆要論也。

剋應就是剋期應驗，推算事情幾時會應驗。占卜的方法裡，如果沒有相關的訣竅，那麼事情的吉凶成敗就不知道什麼時候會應驗。剋就是推算日期的意思，如何推算（剋）也是最為困難的地方，梅花易中有利用數來推算的，也有以理來推算的，但都只是要略的理論。

以數而刻期，必詳其理，如算屋宅之初創，男女之始婚，墳墓之方葬，器物之新置，俱以年月日時加事物之數而起卦。卦成，則欲體用互變之中，視全卦之數，以為約定之期，如審其事端之遲速而刻之。⋯遠者以全卦之數為年期，近者以全卦之數為月期，又近者以全卦為日期也。⋯如先天觀梅與牡丹二花，但旦夕之事，故以卦理推，則不必決其遠日也。

利用數來推算應驗日期，一定要詳細明白其中道理。例如屋宅剛完工時，男女剛結婚時，墳墓才下葬時，器物剛剛添辦新買時，全都以年月日時，再加上事物所代表的數來起卦。完成起卦之後，要從體卦、用卦、互卦，以及變卦中，看全卦的數，以做為約定的日期，並仔細審查他的事端對應到的快慢來計算…如果屬於那種毀壞日期比較久遠的事物，就在全卦的數之後加上年做為單位，多少數就是多少年。比較近的，就改為以全卦的數加上月的單位。再更近的，就改為以日為時間單位，多少數就是多少天。…但像先天觀梅數和牡丹花這兩個占例，這些都屬於早晚之間馬上就會發生的事，所以就用卦理來推斷，那麼就不用再推算它的應驗是近是遠。

> 如後天老人、少年、雞牛之占，以方卦物卦之數合而計之。老少、雞牛之占，亦只可以日計也。若永遠之占，則以日為月，以月為年矣。

再如後天卦中，老人有憂色、少年有喜色，以及雞和牛哀鳴等占例，都是以方卦和物卦的先天數相加來計算。這些卦例都是用日數來計算就可以，假設事關的是可能更為長遠的事情，那麼就把日改為月，或者再把月改為年。

> 占者詳吉，必又尋常之占事刻期，則於全卦中細觀生體之卦為吉應決期，

剋體之卦為凶應之期，遠則以年，近則以月，又近則以日也。如問求名則乾為體，看卦中有坤艮，則斷其辰、戌、丑、未之土月日。蓋乾兌，金體也。此為吉事生體之應。若問病而乾卦為體，則看卦中有離，又看卦中無坤艮，及有凶犯，則斷其死於巳午火日，此剋體為凶事之期也。

又若問行人，以生體之日為歸期，無生體比和之日，則歸必遲。若此例者，具載難盡，學者審焉。

如果想要占解更為詳細的日期，例如幾時會有吉事應驗，那麼就從卦裡面找生體的卦來推算吉應的日期。或者可以找剋體的卦，推算凶事的應驗日期。日期比較遠的，就以年當單位，稍久的，就以月為單位，比較近的就以日。比如問的是功名（屬於吉事）而體卦為乾金，看到卦裡面有坤土可以生金，那麼就可以推斷，逢辰、戌、丑、未等屬土的年、月、日，都是會應驗吉象的時間。但假設問的是病情（屬於凶事）而乾卦為體，卦中有離火剋金，那麼屬火的巳、午年月日都是凶應的時間。同理可再推，假設卦中有坎水洩體卦乾金之氣，那麼屬水的亥、子也是凶應時間。基本原理如此，可以自行活用在各種不同事情的推斷上。

時間占法總則

總合以上所有資料，實在難以確立一個標準的時間占斷法。不只不同篇章所講的理論難以一致，證諸卦例也有些混亂。有些卦例甚至看似完全沒有任何道理的。

不過對於有些沒有道理可循的卦例，《梅花易》一書可能告訴你這是依「理」而論。所謂的依理，意思大概是說，這是依照實際的事理推斷而來，所以你無法從卦象裡看到。無論是吉凶的占斷，或者是剋應的計算，或許都可依實際的狀況自行推斷，不需依照卦象。這再次彰顯了梅花易的江湖特色與自由精神。

但這種「依理」而斷的情況，畢竟是不可學的。在技術面的討論上，必需當做特例而排除在外。另一可能，這個理的答案或許就在「三要」的心訣裡。總之，這裡還是依照書中所透露出的理則，約略歸納出幾種在卦象上比較有理可循的方法。

一、以五行生剋來推應期：以剋體或生體的五行來推斷應期，這類應期的推斷，甚至可以推算出每年的運勢吉凶。例如，田王韓三家起屋的卦例中，在生體之年將有吉應，但到剋體之年，則屋宇有毀壞之憂。但在選擇生體、剋體之年月日時，要選擇卦象中有剋體、生體的卦象。例如，若得到體卦為木，卦中無比和之吉象，但用卦為坎水生木，那麼要從亥子水旺之年月日來尋找吉應，而不是寅卯等木旺之年月日。若用卦為火，為體卦所生，對體卦是洩氣，那麼就從火旺之年月日來找凶應的剋應之期。他卦中若沒有剋木的乾兌等屬金之卦，不宜直接從金旺的秋季或屬金的年月日來找凶應。

二、以成卦之數來決斷：總體來說，以成卦之數來決定剋應之期的例證，在後天卦中使用還是比較普遍，但這個方法也並非像〈先天後天論〉所說的，限定在後天卦，先天卦一樣通用。至少在田家起屋的卦例中，就是在先天卦裡用成卦之數來決定凶應之期。所謂成卦之數，在後天起卦中意指上卦（物卦）加下卦（方卦）的先天數，再加上時間。或者在先天起卦中，則為變爻之數。

如起卦法一節中所談到的，梅花易數在下卦與變爻的取數原則上是有些混亂的，理論上也有些曖昧不明，因此所謂的「成卦之數」也不是那麼容易定義出唯一標準。這裡的成卦之數，也可歸於觀象者的自由心證，或可依事理而自由變化，不盡然要依以上的原則。

三、應爻所值卦數：〈萬物賦〉指出另一種時間的推算方法，但此法未見於任何卦例，全書也沒有任何的例證說明。

〈萬物賦〉

欲知應在何日，須觀爻象值數。巽五日而坤八日，離三朝而坎六朝。又觀遠近剋應，以斷的實之相期。應遠則全卦相同，應近而各時同斷。假如天地否卦，上天一而下地八；設若澤火革卦，上兌二而下離三。依此推之，萬無一失。此人物之兆，察之可推也。

這個方法只取應爻所處卦的先天數，例如，體卦為震木，假設有兌金剋震，那麼就取兌卦的先天數，兌為二，所以兩天有凶應。若依此理來推，牡丹占有可能就是以此推斷隔天午時將有凶應，因為該卦應爻落在乾卦，乾先天數是一。再以此觀念擴大，那麼，生體或剋體之卦的先天數也都可據以推斷應驗之期。觀梅占中，因為傷股之象取自乾金剋巽木，乾卦先天數為一，因此推斷隔日將應驗。

另外在第三卷《占物類例》篇後〈又訣〉中有一種計算物數的方法，也和這個取日數法很像。該法是以互卦的先天數來決定物數。只要把這個取數法轉用到應期之計算即可：

凡算此數，以體卦為主，看其剛柔。用卦看其有用無用。體生方圓曲直，可作可用，如用生體，乃可食。用變互卦，看其色與數目。此互卦決其物之數目也。如互見乾兌，決為一二之數。互見艮坤，為七八之數也。但互卦重乾、重艮、重坤、重坎、重離之屬，皆是兩件物。乘旺，物數多，衰而物少。離為中虛之物，或空手無物。又決物之數者，如互艮卦，先天七數，後天亦不出八數之外。

原本該法是要用來計算物數，但若將單位轉為日、月、年等，即可推算時間。比較特殊的是，文中說到「互卦決其物之數目也，如互見乾兌，決為一二之數」，似乎是用互卦來計算物數，假設互卦中見到乾、兌，就斷定為一、二的數目。以此來看觀梅占和牡丹占兩卦例，互卦中都有乾卦，是否因此而皆取一天之數？

四、他卦時空次序：梅花易將用卦、互卦，以及變卦定出一個時間的先後順序。認為用卦是事情立即的應驗，互卦是事情中間的發展或變化，變卦則是最終的應驗。

該法在第二卷〈體用總訣〉有簡易的說明，但第三卷〈體用互變之訣〉說明比較詳細與清楚：

大凡占卜，以體為其主，互用變皆為應卦，用最緊，互次之，變卦又次之。故曰用為占之即應，互為中間之應，變為事占之終應。然互卦則分其有體之互，有用之互。如體在上，則上互為卦體之互，下互為用之互。體卦在下，則下互為體之互，上互為用之互。體互最緊，用互次之。

〈體用互變之訣〉認為用卦是最即時、最快應驗的一卦，其次是「體互」（較靠體卦的互卦），再其次為「用互」（較靠用卦的互卦），最後是變卦。所以四卦時間順序由近而遠為：用卦↓體互↓用互↓變卦。

以圖中上面那組澤火革之澤山咸卦為例，體卦為兌金，用卦離火剋體，所以可以推論它的應驗會很快。這一卦的體互則是較靠上體兌卦的乾卦，用互則是較靠下卦離的巽卦。而在下面那一組卦，也就是山澤損之風澤中孚的卦例裡，體卦艮土生金，所以這一卦應驗也會較

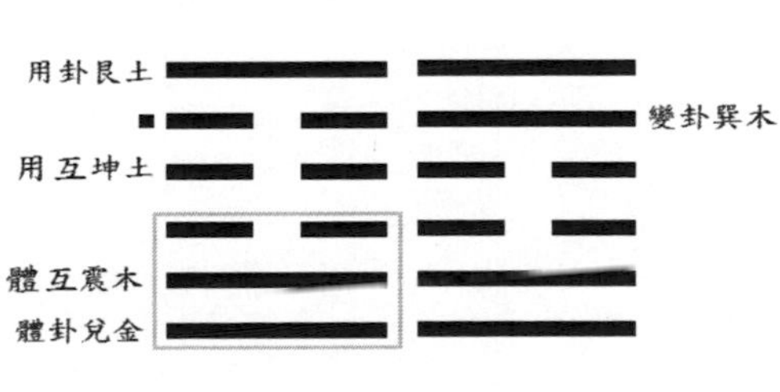

快，而他的體互則是震卦，用互為坤土。

這個方法雖然不能為事情的應驗定出一個精確的日期，但是在時間的占斷上可以有不同的運用。一是直接把四個他卦當作是事情演變的四個不同階段，藉以勾勒出事情的發展歷程。二是看應驗在那一個卦以推斷事情發展的快慢，如果生剋發生在變卦，則推斷應驗較晚，時間較久。生剋在體互，應驗就會很快，因貼近體卦。

另外，個人依卦理提供一個類似的時間發展架構。先以體卦為中心，接著再以距離體卦的遠近來定出時間的遠近，其發展順序為：體互、用互、用卦，變卦。這個方法較〈體用互變之訣〉更為直覺，而且也可擴及到空間遠近的判斷。

第三卷〈占卦訣〉有一段占法，除了以用卦、互卦、變卦來決占應驗遲速之外，還結合了前述的先天卦數占法，可供參考：

又如占卦而問吉事，則看卦中有生體之卦，則吉事應之必速。便看生體之卦，於八卦時序類決其日時。如生體是用卦，則事即成。生體是互卦，則漸漸成。生體是變卦，則稍遲耳。若有生體之卦，又有剋體之卦，則事有阻節。好中不足，便看剋體卦氣阻於幾日，若乾剋體，阻一日，兌剋體，阻二日之類推之。如占吉事，無生體之卦，有剋體之卦，則事不諧矣。無剋體之卦。則吉事必可成就矣。

如果問的是吉事，就找生體的卦（例如體卦是木，就找屬水的坎卦，水可生木），有生體的卦，吉應就快。也可以依八卦卦象所代表的「時序」來決定應驗日期。如果生體的是用卦，會立即應驗。生體的是互卦，會逐漸應驗。生體的是變卦，應驗會稍慢一些。如果有生體的卦，又有剋體的卦，代表事情會有阻礙，有些美中不足。這時可以看被什麼卦剋到，就代表會有幾日的阻礙。例如，如果被乾剋到，代表會受到一天的阻礙，被兌剋到代表兩天，以此類推。如果問的是吉事，沒有生體的卦，但有剋體的卦，代表這件事不和諧。如果沒生體的卦，也沒剋體的卦，那麼這件事還是可以成。

又如占不吉之事，卦中有生體之卦，則有救無害；如無生體之卦，事必不吉矣。若以日期而論，看卦中有生體之卦，則事應於生體卦氣之日；有剋體之卦，則事敗於剋體卦氣之日。要在活法取用也。

如果占的是不吉的事，卦裡面如果有生體的卦，代表事情有救而不會有災害。如果沒有生體的卦，就代表事情不吉，擔心的事會發生。若要以日期來談論幾時應驗，那麼要看生體的是什麼卦，事情就會應驗在生體卦氣的日子。若有剋體的卦，事情就會敗在剋體卦氣的日子。重點在於活法取用。

占例解析

先天卦

《梅花易數》中列舉了許多的占例，透過占例的研究，可以練習從取卦到占斷及推理的完整過程。

以下逐一介紹與說明《梅花易》中的斷例。每個斷例都是一個故事。

【觀梅占】（年月日時占例）

辰年十二月十七日申時，康節先生偶觀梅，見二雀爭枝墜地。先生曰：「不動不占，不因事不占。今二雀爭枝墜地，怪也。」因占之。辰年五數，十二月十二數，十七日十七數，共三十四數，除四八三十二，零二，屬兌，為上卦。加申時九數，總得四十三數，五八除四十，零得二數，為離，作下卦。又上下總四十三數，以六除，六七四十二，得一零為動爻，是為澤火革。初爻變咸，互見乾巽。

斷之曰：詳此卦，明晚當有女子折花，園丁不知而逐之，女子失驚墜地，遂傷其股。右兌金為體，離火剋之。互中巽木，復生起離火，則剋體

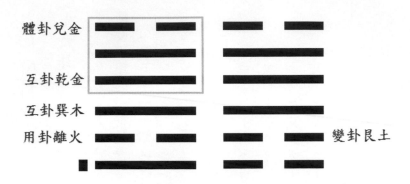

之卦氣盛。兌為少女，因知女子之被傷。而互中巽木，又逢乾金兌金剋之，則巽木被傷。而巽為股，故有傷股之應。幸變為艮土，兌金得生，知女子但被傷，而不至凶危也。

辰年十二月十七日申時，康節先生偶爾在觀賞梅花時，見到兩隻麻雀因為在搶奪枝頭而突然掉到地上。先生就說：「不動不占，不因事不占（事情沒有變動則不占，沒有可因循的事也不占）。現在有兩隻麻雀搶奪枝頭而掉到地上，實在很奇怪。」因此就利用這個事件來占斷。

事情發生在辰年，它的數就是五。十二月的數就是十二。十七日的數就是十七。三個數相加為三十四，除掉四八三十二，餘數是二，為兌卦，這是上卦。

三十四再加上申時的數字九，總共為四十三，扣除五八四十，餘數為三，是離卦，這是下卦。

又上下總和的數字為四十三，除以六，扣除六七四十二，餘數為一，因此動爻在一（初爻）。這一卦就是澤火革卦，初爻變為咸，為革之咸。互體有乾巽兩卦。

先生占斷說：詳細看這一卦，明天晚上應當會有女子折花，園丁不知道所以而驅逐她，女子會因為受到驚嚇而失足墜落，然後傷到大腿。

這一卦以本卦兌金為體卦，用卦為離火剋金。互卦中有巽木點起離火，因此剋體的離火卦氣很盛。兌是少女，所以知道是女子受到傷害。而互卦中的巽木又遇到乾金和兌金來剋它（金剋木），因此巽木受到了傷害。而巽是股象，因此會有傷到大腿的應驗。幸運的是，變卦為艮土，土生金，兌金得到了幫助，因此知道女子雖然被傷，但是還不至於大凶而有危險。

〔解析〕這是《梅花易》中最有名的占例，梅花易典故也是由此而來。除了有些迷團待探討，有些地方與《梅花易》總體理論不是很一致，這些不一致的地方，學者或可仿之，但亦可自行修正。

例如，在梅花易的體用生剋的總斷上，原本應該是以「體卦」為核心，看「他卦」對於體卦的生剋。但在這一占例中，使用到互卦的彼此生剋來推斷出

「傷股」。此乃以互體上的乾為用卦，互體的巽為另一被剋的體卦。這也是這個占例中比較奇特的地方。

至於如何判斷隔天就會傷股？〈占卜剋應之訣〉說：「如先天觀梅與牡丹二花，但旦夕之事，故以卦理推，則不必決其遠日也。」意思是說，這都是很快就會發生的事，直接用卦理來推論就可以知道，不用特別推算他的遠應日期。但從整本梅花易的理論來看，有可能是因為乾金剋巽木，乾先天數為一，因此斷定一天就會發生此事。牡丹占也是依此法可推得一日為應期。

為何是晚間呢？剋巽股的乾卦在後天八卦圖中位於戌亥之間的位置，乾卦在時間上大概就是晚上九點前後。

體卦兌象為何取象少女，而乾金剋巽木要取象為少女折枝墜地而傷股？海天先生《梅花幽祕》一書認為，這是「二雀爭枝墜地」的投射，「雀」即「少佳」，少年佳人即少女，因此兌卦取少女之象。二雀爭枝「墜地」因此而有「女子失驚墜地，遂傷其股」。「園丁不知而逐之」則是二雀「爭」枝的映射。再加上用卦離火剋兌金，兌為少女，離則為護衛者，因此取園丁之象（按：離為甲冑、兵戈）。

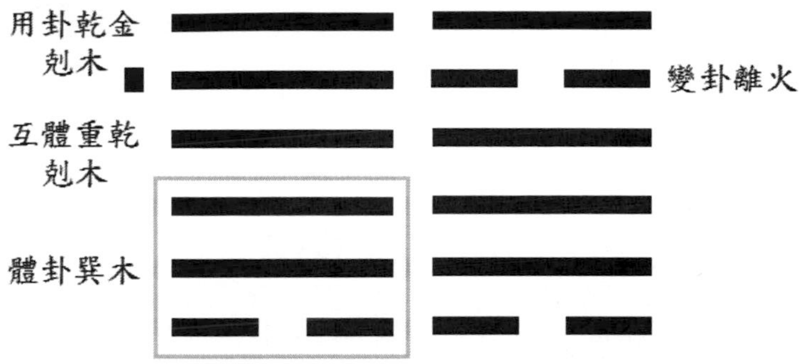

這種將外在發生的事件對應到八卦取象的方法叫「外應」。外應為三要心法的一環。

【牡丹占】

巳年三月十六日卯時，先生與客往司馬公家，共觀牡丹。時值花開甚盛，客曰：「花盛如此，亦有數乎？」先生曰：「莫不有數，且因問而可占矣。」遂占之。以巳年六數，三月三數，十六日十六數，總得二十五數，除三八二十四數，零一數為乾，為上卦。加卯時四數，共得二十九數，又除三八二十四，得零五為巽卦，作下卦，得天風姤。又以總計二十九數，以六除之，四六除二十四，得零五為動爻，變鼎卦，互見重乾。遂與客曰：「怪哉，此花明日午時，當為馬所踐毀。」眾客愕然不信，次日午時，果有貴官觀牡丹，二馬相齧，群至花間馳驟，花盡為之踐毀。

斷之曰：巽木為體，乾金剋之，互卦又見重乾，剋體之卦多矣，卦中無生意，固知牡丹必為踐毀。所謂馬者，乾為馬也。午時者，離明之象，是以知之也。

巳年三月十六日卯時，先生和客人前往司馬公家裡，共同觀賞牡丹花。當時正好遇上花開最為茂盛的時候。客人說：「花開得這麼茂盛，也有數理可說嗎？」先生就回答說：「沒有什麼沒有數的，而也因為你問起來了，所以就可以拿這事來占斷。」因此就開始占斷這件事。

巳年於數為六，三月是三，十六日是十六，總和起來就是二十五，除掉三八二十四之後餘一，得到乾卦，這是上卦。加卯時的數為四，總計得到二十九，除掉三八二十四之後餘數為五，得巽卦，這是下卦。因此這一卦是天風姤卦。又以總計二十九的數除以六，扣除四六二十四之後得餘數五，動爻就是在五爻，變鼎卦。互卦為兩個乾卦相疊。於是就跟客人說：「奇怪呀！這些花，明天午時將會被馬所踐踏而全毀。」眾多客人都很驚訝而不相信。隔天午時，果然有高官來觀賞牡丹花，兩隻馬互咬打架，使得馬群因此跑到花間而突然一陣亂蹄踐踏，花全部都被踐踏而毀壞。

占斷說：巽木是體，乾金剋體，互卦又重覆出現兩個乾卦，剋體的卦實在很多。卦中找不到生命的跡象，所以知道牡丹一定會遭到踐踏毀損。而之所以說馬，乾是馬。午時，是取自離明的卦象，所以知道午時會有馬踐踏牡丹花。

〔解析〕牡丹占和梅花占都屬「時間占」的例子，但也可視為一個數字起卦的範例。這裡可以把年月日加起來的結果當作一個數。只有一個數的時候如何起卦？以該數為上卦，再加上起卦的時間數為下卦。下卦之數同時也當做變爻之數。

為何乾卦取象為馬，不是老人？這裡利用的是「外應」之訣，因觀牡丹的地方是在「司馬公」家。而所觀的又是「牡丹」。坤卦卦辭言「牝馬」，因此乾即是「牡馬」。牝馬為母馬，牡馬則是公馬。乾象呼應「牡」丹，因此取象「公馬」。

在後來事情應驗之後，還有些與卦象相呼應的地方：「貴官觀牡丹，二馬相齧，群至花間馳驟，花盡為之踐毀。」乾為官貴，因此有貴官觀牡丹。「二馬相齧，群至花間」，馬將成群而至，用卦及兩個互卦都是乾卦，因此有馬群之象。《說卦》「戰乎乾」，因此有二馬相咬的卦象。

為何斷定為明日午時？剋體卦巽木的是乾金，乾為一，因此為一日之後。午時則是取自離象，離為午時。但為何在觀梅占中以互體中的乾來推斷為晚間，而牡丹占以變卦離推斷為午時？因體卦巽木生離火，離火洩體卦之氣。洩氣象徵的是物之耗廢或敗壞，因此以離來推算被馬所踐毀的時間。

【鄰夜扣門借物占】（聲音占例）

冬夕酉時，先生方擁爐，有扣門者，初扣一聲而止，繼而又扣五聲，且云借物。先生令勿言，令其子占之，試所借何物。以一聲屬乾為上卦，以五聲屬巽為下卦，又以一乾五巽共六數，加酉時十數，共得十六數，以六除之，二六除一十二，得天風姤，第四爻變巽卦，互見重乾。卦中三乾金，二巽木，為金木之物也，又以乾金短，而巽木長，是借斧也。

子乃斷曰：「金短木長者，器也，所借鋤也。」先生曰：「非也。必斧也。」問之，果借斧。其子問何故？先生曰：「起數又須明理。以卦推之，斧亦可也，鋤亦可也。以理推之，夕晚安用鋤？必借斧。蓋斧切於劈柴之用耳。」推數又須明理，為占卜之切要也。推數不推理，是不得也。學數者誌之！

冬季某天晚上酉時，先生才剛圍著火爐取暖，這時候有人來敲門。剛開始敲了一聲就停止了。接著又敲了五聲之後，說要來借東西。先生請鄰居先別說要借什麼，叫他兒子算算看，鄰居所要借的是什麼東西。此卦以先敲一聲取乾為上卦，後敲五聲為巽作下卦。把乾一和巽五的數字加起來就是六，再加上酉時十數，總共得到十六，除以六，扣除二六十二之後餘數為四，因此得到天風姤卦，變爻在四，之卦為巽卦。互體有兩個重覆的乾卦，卦中三個乾金，二個巽木，因此推斷為金木之物。然後又以乾金短，而巽木長，因此猜測是來借斧頭。

不過兒子占斷說：「金短木長的東西，是一種工具，所借的是鋤頭。」先生說：「不對，必定是借斧頭。」然後問鄰居，果然是借斧頭。於是兒子問說，為什麼？先生回答：「起易數一定要明白事物的道理。純就卦來推論，說是斧頭或是鋤頭都對。但是用事物的道理來推斷，晚上怎麼會用鋤頭？一定是借斧頭，因為斧頭可以劈柴。」所以，推易數一定要明白事理，這是卜卦占斷時最至關重要的。推易數而不推事理，就無法占斷準確。學易數者一定要謹記在心！

〔解析〕這一卦的起卦法與梅花及牡丹占有很大的不

同。梅花及牡丹占可視為一個數起卦的占例，而「聲音占」可視為兩個數的起卦範例。兩個數起卦時，以第一個數為上卦數，第二個數為下卦數，變爻數則是上卦加下卦再加上時間。

這個卦例還另外指出占解時的一個重要法則：事理的重要性。梅花易的占斷很重「理」字，占斷者當耳聽眼觀而細思，了解事理之後再做判斷。

【今日動靜如何】（聲音占例）

有客問曰：「今日動靜如何？」遂將此六字占之。以平分「今日動」三字為上卦。「今」平聲，一數；「日」入聲，四數；「動」去聲，三數，共八數，得坤為上卦。以「靜如何」三字為下卦，「靜」去聲，三數；「如」平聲，一數；「何」平聲，一數，共五數，得巽，為下卦。又以八五總為十三數，除二六一十二，零得一數，為地風升。初爻動，變泰卦，互見震、兌。遂謂客曰：「今日有人相請，客不多，酒不醉，味至雞黍而已。」至晚果然。

斷曰：升者，有升階之義，互震、兌，有東西席之分。卦中兌為口，坤為腹，為口腹之事，故知有人相請。客不多者，坤土獨立，無同類之卦

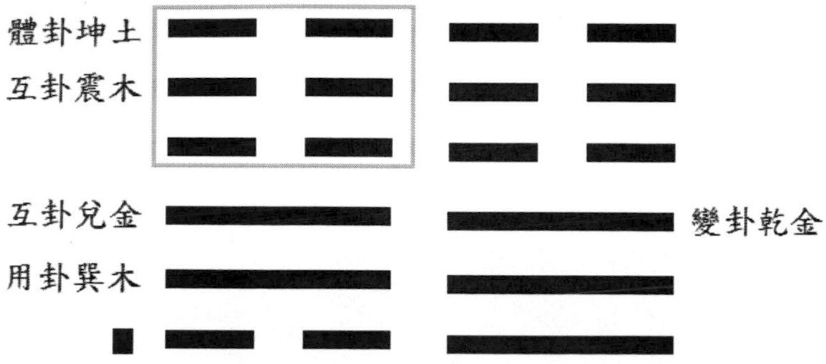

氣也。酒不醉，卦中無坎。味止雞黍者，坤為黍稷耳。蓋卦無相生之義，故知酒不多，食品不豐也。

有客人直接問說：「今日動靜如何？」於是就拿這六個字來占斷。將六字平分之後，以「今日動」三字為上卦，今為平聲，一數；日入聲，四數；動去聲，三數，三個數字加起來就是八，即坤卦，為上卦。以「靜如何」三字為下卦，靜去聲，三數；如平聲，一數；何平聲，一數，加起來就是五，即巽卦，為下卦。然後再以八五兩數加起來，總數為十三，除掉二六一十二餘數為一。因此此卦為地風升卦，初爻動成泰卦。互體有震、兌。因此告訴客人說：「今天會有人請客，客人不多，酒也不夠讓人喝醉，至於菜餚嗎，就是簡單的雞黍（芡實）而已。」到晚上之後，果然如以上占斷。

占斷說：升卦有升階的意味，互體震、兌，有東、西席的分別（震在東，兌在西）。卦中兌為口，坤為腹，因此會有口腹之事，所以知道會有人請客。客人之所以不多，因為坤土獨立，沒有相同的卦氣。酒水不夠讓人喝醉，是因為卦裡面沒有坎。至於菜餚只有雞黍，因為坤象為黍稷。由於卦中沒有相生的卦象，因此知道酒不多，食品也不豐盛。

〔解析〕這一卦例和上一卦例同樣以聲音來起卦，但本質上亦可視為文字占，而且起卦方法也和鄰居借物占不一樣。兩卦例的主要差別主要在變爻數的計算法。前一卦例的變爻數是上下兩卦之數相加，再加上時間數。而這一卦例卻沒加上時間數。總觀梅花易全書，當以前一卦例為標準，變爻數應當再加上時間數。

連續幾個卦例在起卦方法上的不一致，可以看出這些卦例應當都是江湖相傳的一些逸聞故事，所以缺乏一貫而統一的方法學。往好處看，梅花易起卦方法可以很自由。只要大方向大致依照第一數為上卦，第二數為下卦，第三數為變爻的框架做，都是可以接受的，而且也都符合書中卦例。

【西林寺牌額占】（字畫占例）

先生偶見西林寺之額，林字無兩鈎，因占之。以西字七畫為艮，作上卦；以林八畫為坤，作下卦。以上七下八，總十五畫，除二六一十二，零數得三，是山地剝卦。第三爻動變艮，互見重坤。

斷曰：「寺者，純陽之所居，今卦得重陰之爻，而又有群陰剝陽之兆。詳此，則寺中當有陰人之禍。」詢之果然，遂謂寺僧曰：「何不添林字兩鈎，則自然無陰人之禍矣。」僧信然，即添林字兩鈎，寺果無事。

右純陽之人所居，得純陰之卦，故不吉。又有群陰剝陽之義，故有陰人之禍。若添林字兩鈎，則十畫除八得二為兌卦，合上艮，是為山澤損。第五爻變動為中孚卦，互卦見坤、震。損者益之始，用互俱生體，為吉卦。可以得安矣。

先生偶然之間看到西林寺的匾額，林字沒有兩勾，因此就拿它來占斷。以西字七畫為艮，為上卦。以林字八畫作坤，作下卦。上七下八相加總共十五畫，除掉二六一十二餘數為三，因此這一卦是山地剝，第三爻動而成艮，互體有重坤（兩個坤卦）。

占斷說：「寺是純陽的人所居住的地方，而這一卦得重陰的爻，然後又有群陰剝除陽爻的卦象（剝卦為五陰將剝去一陽），因此有陰人作亂而帶來災禍。」一問之下，果然如此。於是就跟寺裡的僧侶說：「為什麼不為林字添兩勾，就自然不會有陰人作亂了。」僧侶相信了，就為林字添了兩勾，寺裡果然就沒事了。

右邊所提的這個占例，因為寺是純陽之人所居住的地方，得到純陰之卦，所以不吉。又有一群陰爻剝除陽爻的意味，因此說有陰人作亂。如果為林字加上兩個勾勾，那麼字變成了十畫，除八得到二為兌卦，結合上卦艮就成了山澤損卦。第五爻動成中孚卦，互體有坤、震。損者是益的開始，用卦和互卦都生體，因此為吉，就可以得到安寧了。

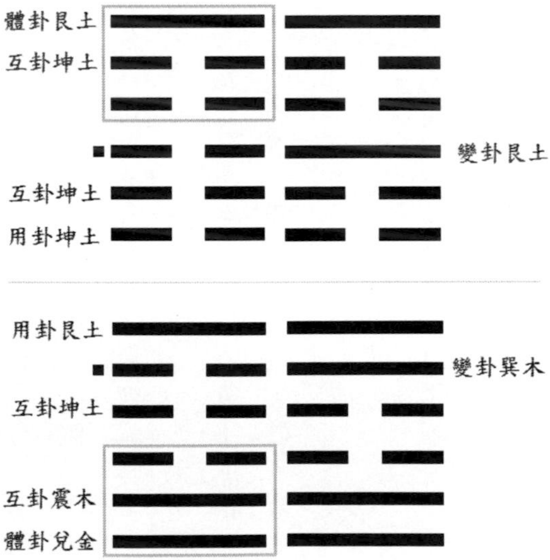

〈解析〉這是一個相當奇特的占例，許多地方並不符合梅花易的生剋占斷法則。首先就前一卦例來看，體卦為艮土，用卦、互體都是坤土，變卦也是艮土，他卦全都與體卦比和，體卦卦氣極旺，理當大吉。但該卦例完全不採體用的分析，直接以《周易》的剝卦卦義與卦理來分析吉凶。

〈卦斷遺論〉如此解釋：「西林寺額得山地剝，體用互變，俱比和，則為吉，而乃不吉，何也？蓋寺者，純陽人居之地，而純陰爻象，則群陰剝陽之義顯然也。此理甚明，不必拘體用也。」意思是說，寺是純陽之人所居住的地方，然後有純陰的爻象，剝卦又是群陰剝陽的意思，這種卦義太顯著了，道理太清楚明白，所以可以不用拘泥於體用。簡單來說：當你覺得某種事理很清楚而理所當然時，就可以完全不用理會什麼體用，什麼五行生剋，完全依照那理所當然的道理來占斷即可。不過這裡的理所當然，有其理論基礎，用的是所謂「外應」，指的是卦象與外在環境或現象有著直觀的關聯性。

這一卦例也可窺知梅花易在筆畫數算法上的慣例與奇特之處，像口算作四畫，並不是以實際書寫筆畫的三畫來計算，而是以線條數來計。因此不帶勾的林字為八畫，而雙木皆有勾的林字筆畫數為十畫。

另一個特殊之處在於它的起卦法，和前一卦例一樣，這一卦並沒有在變爻數

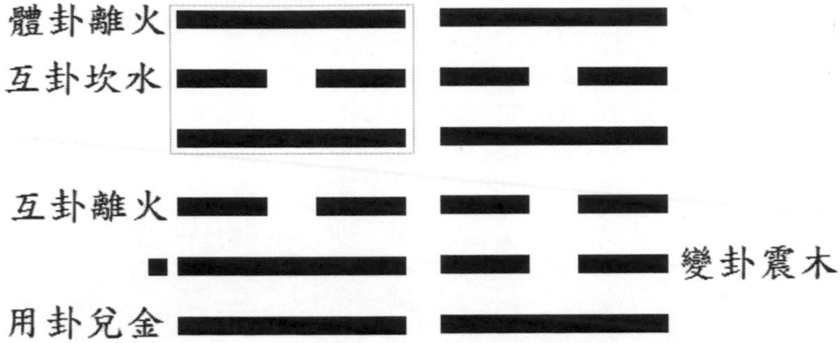

中加上時間數。而且沒有遵循「不變不占」的規則。或許牌匾文字屬於不因時而變的物體，所以就不取時間為變數。總體來說，這一卦例視為一種特殊的「占字」可能比較貼切。利用先天數的起卦法把文字化為卦象再論卦象之吉凶。

【買香占】

酉年八月二十五日午時，有楊客賣香。康節曰：「此香非沉。」客曰：「此香真不可及。」康節曰：「火中有水，水澤之木，非沉香也，恐是久陰之木，用湯藥煮之。」客怒而去。半月後，有賓朋至，云是清尾人家做道場，沉香偽而不香。康節曰：「香是何人帶來，但問其故，我已先知之矣。」伯溫令人去問，果是楊客。康節曰：前日到門首，因觀之，未問之前，先失手。其香墜地，故取年月日時占之，得睽之噬嗑。睽下卦屬兌，兌為澤。噬嗑下卦屬震，震為木，乃水澤之木，即非沉香。睽卦上互得坎，坎為水，下互得離，離為火，上有水，即湯。噬嗑卦上互見坎，坎為水。下互見艮，艮為山，中有水，亦澤之象。此乃水澤久損污濕之木。以湯煮之，此理可曉。從此大小事，不可不校其時也。

酉年八月二十五日午時，有姓楊的客人來賣香。康節先生說：「這不是沉香。」客人說：「這香是真的，而且非常難得，可遇不可求。」康節先生說：「火裡面有水，這是水澤泡過的木頭，不是沉香，恐怕是用放了很久已經腐爛的木頭，再用湯藥煮成的。」客人很生氣的離去。

半個月之後，有朋友來作客，說是清尾人家在做道場時，沉香根本是假的，一點都不香。康節先生問說：「香是什麼人帶來的，我想問一下其中緣由。不過，其實我早就已經知道了。」邵雍的兒子邵伯溫就叫人去打聽，果然是楊姓客人。

康節先生說：前幾天他來時，一到門口，我就在觀察他，我還沒問他，他自己就先失手，香都掉到地上，所以就取年月日時來占斷，得到睽之噬嗑卦。睽下卦屬兌，兌為澤。噬嗑下卦為震卦，震為木，這是水澤泡過的木頭，根本不是沉香。睽卦上面的互卦是坎，坎為水，下面的互卦是離，離是火，火上面有水，用火煮的水就是湯。噬嗑卦上面的互卦是坎，坎為水。下面的互卦是艮，艮為山，中間有水，這也是水澤之象。所以這塊木頭在水澤裡面泡很久腐爛之後，飽吸骯髒污穢的濕氣，然後再用湯煮過，這道理很清楚而明了。從此以後，事情不管是大是小，不可以不計算它的時間。

〔解析〕酉年八月二十五日午時，十加八加二十五得四十三，除以八餘三，上卦為離。四十三加七得五十，除以八餘二，下卦為兑，本卦為火澤睽。五十除以六餘數為二，因此這一卦為睽之噬嗑。

這一卦例是收錄在《梅花易數》第五卷的占字篇裡，參雜在占字相關的故事中。其占解方式相當獨特，首先，這是一個無關吉凶，但關乎物品真假之鑑定的卦，因此從頭至尾未用到任何的五行生剋。

其次，在其他所有的卦例裡，之卦中只會用到變卦卦象。但這一卦例充份運用了之卦的更多卦象。《梅花易》的占解裡，除了體卦之外，一向只會取四個八卦卦象，並統稱為他卦：用卦、本卦中的兩個互卦，變卦。其中變卦是唯一存在於之卦中的卦象。但這一卦例，之卦中還取了兩個互卦。而康節先生的占解方式，很純粹是屬《周易》式的，和春秋時代筮史的解卦方式，有異曲同功之妙。

因此該卦例亦可視為《周易》的占解範例。同時這一卦例也可看出梅花易的白由精神。學者在了解其中理則與運用方式之後，也可多多自由發揮，不要畫地白限。

先天卦的調整

梅花易中舉出有三戶人家新屋同時完成的例子，由於起造時間一樣，因此以時間起的卦也完全一樣。但三戶人家的新屋未來命運完全一樣是不合理的，因此在起卦時加入起造者的姓氏筆畫數做為變數，讓三戶人家的房子有不同的卦象與命運占斷。除了房屋的起造之外，其他具有個體化差異性質的事，都可依法加上姓氏筆畫。至於結婚這種兩姓結合的事，則一定要加上雙方的姓：

寅年十二月初一日午時，有數家起造，俱在鄰市之間。有三家以此年月日時求占於先生，若同一卦，則吉凶莫辨矣。先生以各姓而加數，遂斷之，而皆驗。……

不特起屋之年月日時加姓也，凡冠婚及葬事皆須加姓，然冠葬皆加一姓可矣。若婚姻則男女大事，必加二姓可也。極北之人無姓，亦必有名，不辨其字，則數聲音。又無名，則隨所寓也。

寅年十二月初一日午時，有好幾戶人家新蓋房子，全都在旁邊的市場間。其中有三戶人家拿著這個年月日時間，請求先生幫忙占卜，但如果三戶人家全都同樣的卦象，他們之間就不會有吉凶的差別了。因此先生就各自以他們的姓氏再加上時間數，以此分別做占斷，結果都應驗了。

不只是蓋房子的年月日要加姓，凡是成年禮、結婚或者是喪葬等事，都一定要加上姓氏的筆畫數。但像是成年禮或是喪葬，只要加當事者的姓就可以。至於婚姻這種男女大事，一定要加上雙方的姓才可以。至於住在最北邊的人沒有姓，也一定有名，如果名字還無法辨別，那麼就用聲音。如果連名字也沒有，就看有什麼可以代表個體的就用什麼來做為代數。

〈屋宅之占訣〉中舉了三個卦例，占者在面對具有「個體」差異性的情況時，可依法起卦。

【田家起屋】

寅年十二月初一日午時起屋者，其家田姓，其占水風井，變地風升，互見離兑，巽木為體，用卦坎水生之，雖兑金剋木，得有離火，火雖無氣，終是制金。然有兑金，酉年月日，亦當有損失之憂。亥子水年月日，當有進

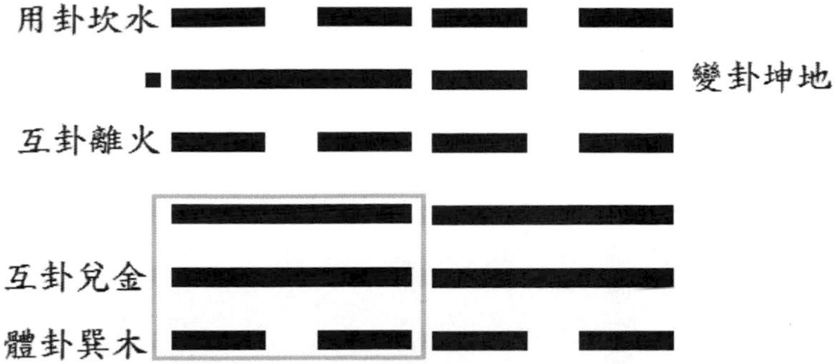

益，或得水邊之財，坎生體巽也。寅卯年當大快意，比和之氣也。但家必多口舌之聒，亦為兌也。木體近春。喜逢坎水，此居必能發旺。二十九年後，此屋當毀。蓋二十九年者，全卦之成數也。若非有兌在中，雖再見二十九年，屋當無恙也。

寅年十二月初一日午時建造房子的人家姓田，占得水風井變地風升卦，互卦為離卦和兌卦，體卦為巽木，用卦坎水生木，用生體，雖然互卦中有兌金剋體卦之木，但有離火剋兌金，離火雖然沒什麼卦氣（用卦坎水剋火），但畢竟還是可制服金。因為有兌金，因此在酉年月日的時候，也應當注意是否會有損失。而在亥子水的年月日裡，則會發生有利益的好事，例如可能得到來自水邊的財利，這是因為坎水生體卦的巽木。而在寅卯年會非常得意，這是因為比和而卦氣旺。但是要注意家裡會有口舌有關的爭吵，這也是因為兌金的關係（兌主口舌之災）。木體在時節上接近春季，最好就是能夠遇到坎水，這樣的居宅必定能夠旺盛。但二十九年之後，這個屋子將會毀壞，之所以說是二十九年，是因為二十九為成卦之數。假如沒有兌金在互卦裡，那麼就算再多二十九年，這屋子也不會有事。

〔解析〕此占例的卦象及成卦之數推演如下。寅年十二月初一日，於數為3＋12＋1＝16，田字以六畫計。上卦為16＋6＝22，除以八餘六，為坎。下卦再加午時七為二十九，二十九除以八餘五為巽。二十九除以六餘五，因此變爻在五。除兌金之外，凶應還有離火，因離火洩體之氣。但此卦離火解釋為剋金，反而成吉象，於理不通。

這裡要注意的是，姓氏的筆畫數只能加一次。下卦數為何只以上卦數再加上時間數，不再加姓氏數？因上卦數之中已經加入了姓氏筆畫，因此上卦加時間的數裡，也已經包含了姓氏數，不需再加一次。

【王家起屋】

同時王姓家起造，得雷火豐，變震，互見兌巽。震木為體，離為用卦。兌

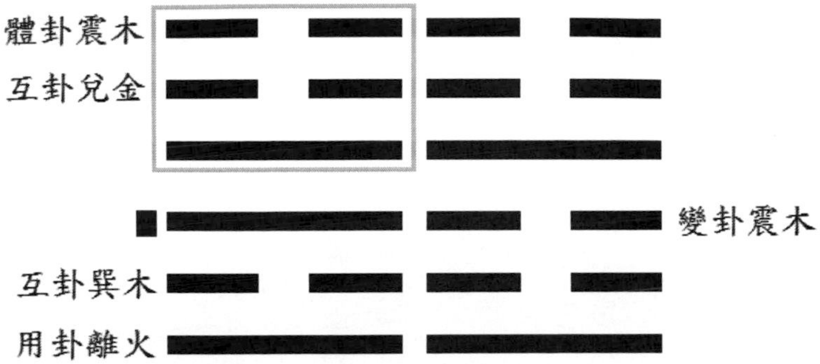

為體之互，剋體亦切。雖得離火制兑金，亦不純美。用火泄體之氣，破耗資財。每遇火年月日，主見此事，或因婦人而有損失。家中亦多女子是非。亥子寅卯之年月，卻主進益田財。蓋震木為體，雖不見坎，終是利水年，生體之氣不見，震巽亦逢寅卯，為體卦得局之時也。凡有震有巽，寅卯與木之氣運年月，此居必大得意。亦主得長子之力，變重震也。二十二年後為火所焚。

在同一時間（寅年十二月初一日午時）王家也起造房子，得到的是雷火豐卦，變震，互體有兑巽兩卦。震木為體卦，離火為用卦。兑卦是比較靠體卦的互卦，因此對於體卦震木的剋應更加貼近，雖然出現離火可以剋制兑金，但也不是相當完美。而且，用卦的離火還洩了震木的卦氣（木生火，體生用，因此為洩氣），恐怕有破財及資產消耗的憂慮。凡遇到有火的年月日，都可假定為可能發生這類壞事，或者會因為有婦人的關係而造成損失（離為中女），家中也會經常發生女子有關的是是非非。亥子寅卯等有水有木的年月日（水可生木，木則比和而卦氣旺），則會有利益進來，特別是與田產相關的。這是因為震木為體，雖然沒有出現坎水來生震木，但終究遇到有水之年還是有利。生體的卦氣沒有出現（內卦中沒有坎水來生木），卦中的震巽也遇到了寅卯（卦起於寅年，震巽卦氣旺），就是體卦得到時局的時候。凡是有震有巽，有寅卯和木相關的年月等氣運，這個住宅一定可以相當得意。此外，此卦主要得長子（震卦）的力量，因為變卦之中有重震（兩個震卦）。這個房子在二十二年之後將會遭遇火災而被燒毀。

〔解析〕此占例的卦象及成卦之數推演如下。寅年十二月初一日，於數為3＋12＋1＝16，王字以四畫計。上卦為16＋4＝20，除以八餘四，為震。下卦加午時七為二十七，二十七除以八餘三為離。二十七除以六餘三，變爻在三。此卦成卦之數為二十七，為何剋應之期以二十二年來論斷相當奇怪。或許是二十七年之誤。若以下卦韓家為例，似乎剋應之期以地支之五行來論斷，寅年的二十二年之後當為子年，屬坎水，當生木，主旺，於理亦不通。

這邊要注意的是，體卦是震木，生體的是水，為何在論斷該屋氣運時不以遇到水旺的年月日為吉期，而說「凡有震有巽，寅卯與木之氣運年月，此居必大得意」？這是因為卦中有震巽和體卦比和，卦中吉應是在震巽兩卦，而非坎水。因此在推算氣運時，必需從卦中去找凶應或吉應，再對應到日期之推算。

【韓家起屋】

韓姓之居，得益變中孚。巽體，互見艮坤，變兑剋體。此居必有官訟，見於酉年月後。申酉年連見病患，所喜用卦，其震與巽體比和，當見寅卯年月吉。後申酉年凶。三十一年之後，遇申酉年，此居當毀。若非有兑，或有一坎，再三十一年，此居亦無恙也。

再來看姓韓這一家人的住宅，得到的是益卦變中孚。體卦為巽木，互卦有艮和坤，變卦兑金剋體卦巽木。這個住宅一定會引起官司訴訟，而且會在酉年月之後。申酉年會連續有人生病。比較可喜的是用卦為震，震木與巽木為比和，照理說在寅卯年月的時候為吉。但後來到申酉年時轉為凶。三十一年之後，遇到申酉年，這個居宅應當毀壞。若不是有兑金剋體卦，或者假如能夠出現一個坎卦來生

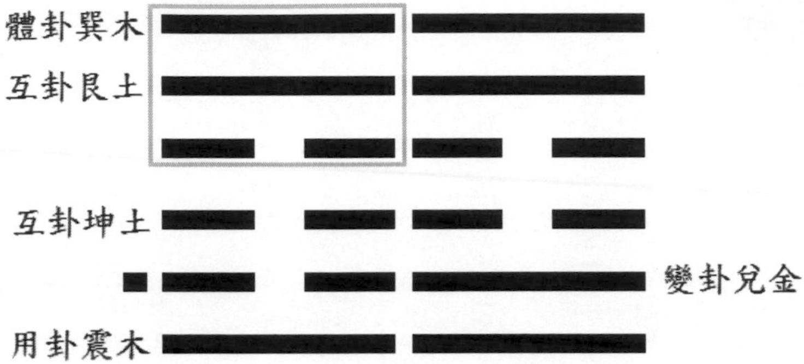

體，那麼就算再過三十一年這個居宅也不會有事。

〔解析〕此占例的卦象及成卦之數推演如下。寅年十二月初一日，於數為3＋12＋1＝16，韓字以二十一畫計。上卦為16＋21＝37，除以八餘五，為巽。下卦加午時七為四十四，四十四除以八餘四為震。四十四除以六餘二，變爻在二。此卦成卦之數為四十四，為何剋應之期以三十一年來論斷相當奇怪。文中提到申酉年為凶，這是因為變卦兌金剋體卦巽木。以三十一數推算，寅年之後三十一年可能遇到的就是酉年，但為何是三十一年之後的酉年？而不是其他年？然後不是申年？推想可能是結合上卦數三十七來推算，因為預測三十七年內會有凶應，因此找到最接近的酉年。

此卦之所以斷為有官司訴訟，是因為兌金剋體，兌主口舌、讒毀。官訟則主「爭訟不已，曲直未決，因訟有損，防刑」。可參考後面所附《梅花易數》原文卷一的〈八卦萬物類占〉。

後天卦

以上所列的卦例都是先天卦，也就是先得到數再得卦象。以下則為後天起卦的卦例，以物象為上卦，方位為下卦，再合物象與方卦的先天數，及起卦時間為變爻，所謂的先得象再得數。

後天卦起卦要特別注意，先天卦中有不加時的卦例，但後天卦則一定要加時。因為若不加時，變爻數將無法隨機變化，六十四卦都只會固定得到某一特定的變爻，例如乾卦永遠都是一加一，第二爻變。

其次則是在占解上，書中理論雖然說吉凶判斷當以《周易》卦爻辭為主，「刻應」為輔，但實際上這些占例全都以「刻應」做為吉凶的關鍵判斷。所謂刻應，是指當下對於事情的感應，是吉就是吉，是凶就是凶。每一卦例都是在起卦當下就有刻應的吉凶定見，再依此定見依卦爻辭和卦象尋找更多的預測資訊。

《周易》卦爻辭用不用？這在後天卦上似乎相當清楚。這裡每一卦例都引用了卦爻辭，但卦爻辭對於吉凶似無決定性的作用，多數只是依「刻應」而做吉凶判斷，然後取爻辭的文字來增添預測的資訊。

【老人有憂色占】

己丑日卯時，偶在途行，有老人往巽方，有憂色。問其何以有憂？曰無。怪而占之，以老人屬乾為上卦，巽方為下卦，是天風姤。又以乾一巽五之數加卯時四數，總十數，除六得四為動爻，是為天風姤之九四。《易》曰：「包無魚，起凶。」是易辭不吉矣。以卦論之，巽木為體，乾金剋之，互卦又見重乾，俱是剋體，並無生氣，且時在途行，其應速。遂以成卦之數中分而取其半，謂老人曰：「汝於五日內謹慎出入，恐有大禍。」果五日，此老赴吉席，因魚骨鯁而終。

又凡占卜，剋應之期看自己之動靜，以決事之遲速，故行則應速，以遂成卦之數，中分而取其半也。坐則事應於遲，當倍其成卦之數而定之也。立則半遲半速，止以成卦之數定之可也。雖然如是，又在變通，如占牡丹及觀梅之類，則二花皆朝夕之故，豈特成數之久也。

己丑日卯時，偶爾走在路上，遇到老人往巽方（東南方），面有憂色。問他為什麼事而憂愁？說：沒事。感覺很奇怪，於是占斷看到底會發生什麼事。

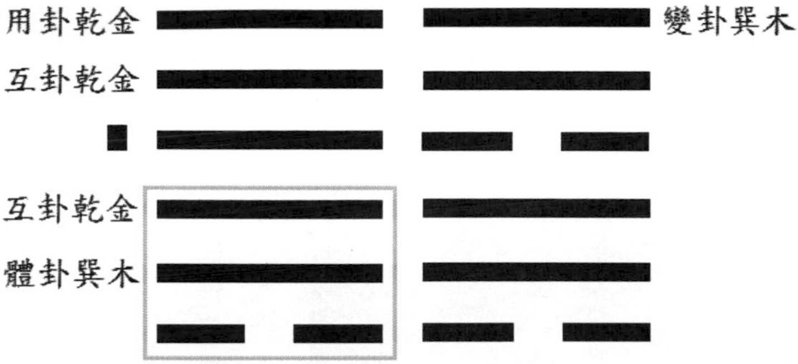

以老人為乾為上卦，巽方是下卦，這是天風姤卦。然後以乾一巽五再加上卯時四的數字加起來得十，除六之後餘數四。這是天風姤卦九四爻動，《周易》爻辭說：「包無魚，起凶。」從爻辭來看為不吉。再就卦來看，體卦為巽木，用卦乾金剋體卦，互卦又出現重乾，全都剋體卦，完全看不到生命的氣息，而且這件事又是走在路上所遇到的，因此應驗應該相當的快，於是以成卦之數（十）中分取半，然後告訴老人說：「你在五天以內出入一定要小心，恐怕會有大禍。」果然五日之後，老人去參加喜宴，讓魚骨噎到而死。

凡是占卜，剋應的日期要看起卦者自己的動靜，用以決定事情的發生是慢是快。如果起卦者在行進間，那麼應驗就快，只取成卦之數的一半（例如本卦例成卦之數為十，那麼就取五為數）。起卦者是坐著，那麼事情應驗就較慢，要將成卦之數加倍，以決定何時應驗（例如十就變成二十）。如果起卦者是站著觀物，那麼就是不快也不慢，直接以成卦之數來決定即可（成卦之數是十，就直接取十數）。雖然有這樣的規則，但重點在於占卦者要能夠變通，例如牡丹及觀梅占兩個卦例，牡丹和梅花都是一個早晚之內就會發生的事，那裡需要成卦之數那麼久。

〔解析〕起卦前見老人「有憂色」，就已推定老人可能有凶，此乃刻應之法。起卦之後以爻辭「包無魚，起凶」驗之，更確立凶應，且事情將與庖廚及魚都有關。最後再以體用生剋來看，又是大凶之象。此事之所以應驗快，因為取象是在行進間，因此以成卦數的一半為應驗之期。

【少年有喜色占】

壬申日午時，有少年從離方來，喜形於色，問有何喜？曰無。遂占之，以少年屬艮為上卦，離為下卦，得山火賁。以艮七離三加午時為七，總十七數，除二六十二，零五為動爻，是為賁之六五，爻曰：「賁於丘園，束帛戔戔，吝，終吉。」易辭已吉矣。卦則賁之家人，互見震、坎，離為體，互變俱生之。

斷曰：子於十七日內必有幣聘之喜。至期，果然定親。

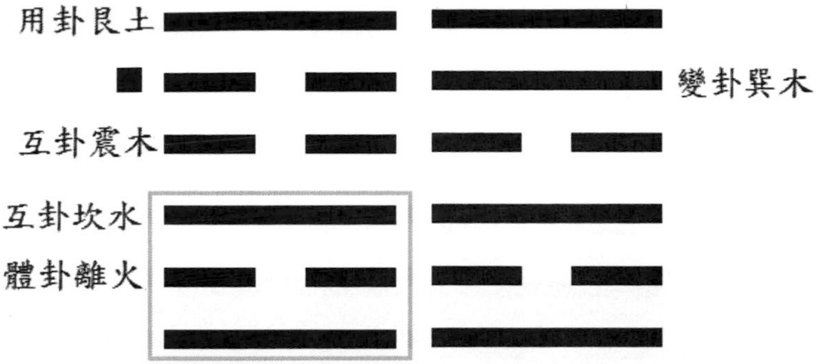

壬申日午時，有一個少年從離方（南方）過來，喜形於色，問他有什麼喜事？回答說沒什麼喜事。因此就占斷看看，由於少年屬艮，艮為上卦。他過來的方位為離，是下卦，因此得山火賁卦。以艮七離三加午時七，總共為十七，除掉二六十二之後餘數五，賁卦六五爻辭說：「賁於丘園，束帛戔戔，吝，終吉。」易經的爻辭已說是吉了。而卦則是賁之家人，互卦為震坎，離卦為體，互卦與變卦都生體。

占斷說：這位少年十七日之內一定會有定婚的喜事，時間到了之後，果然定親。

〔解析〕依三要的刻應法，見吉為吉，因此見少年「喜形於色」時就已推定少年可能有喜事，起卦是為了知道他有什麼喜事。接著以得卦的易經爻辭來看：「賁於丘園，束帛戔戔，吝，終吉。」講的剛好又是定婚的事。意思大概是，山丘上的家園布置得非常漂亮，雖然做為聘禮的布帛零散不多，有些

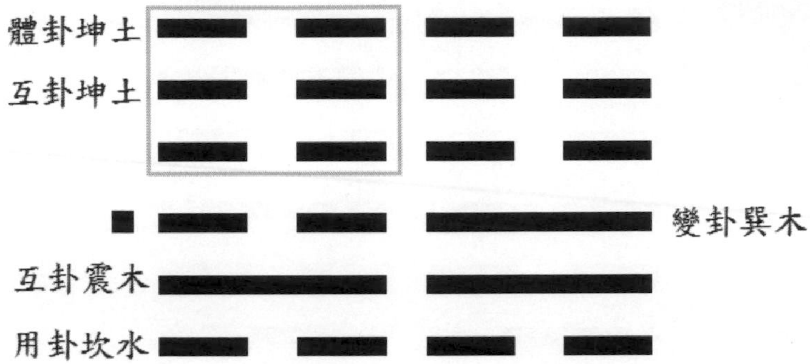

吝嗇，但最後為吉。因此大致可確立少年應該會有喜事發生。再看體用的生剋，雖然用卦艮土洩體卦離火之氣，體互坎水剋體。但依三要之訣，以找吉應為優先，因此以生體的互卦震木和變卦巽木來看，仍斷為吉。最後以成卦之數十七推論，少年在十七日之內會定婚。

【牛哀鳴占】

癸卯日午時，有牛鳴於坎方，聲極悲，因占之。牛屬坤，為上卦，坎方為下卦。坎六坤八，加午時七，共二十一數，除三六一十八，零三爻動，得地水師之六三。易辭曰：「師或輿尸，凶。」卦則師變升，互坤、震，乃坤為體，互變俱剋之，並無生氣。

斷曰：此牛二十一日內必遭屠殺。後二十日，有人買此牛，殺以犒眾，人皆異之。

癸卯日午時，有牛鳴叫於坎方，聲音聽起來非常悲哀，因此就占斷看看。牛屬坤，做上卦。坎方為下卦，坎六坤八，加午時七，得二十一，除掉三六一十八之後餘數為三。這一卦為地水師卦，三爻動，爻辭說：「師或輿尸，凶。」就卦來看，師變升，互卦為坤土和震木，體卦為坤土，互卦和變卦都剋體，因此缺乏生氣。

占斷說：這隻牛二十一日之內一定會遭到宰殺。二十日之後，有人買了這隻牛，然後殺來犒賞眾人，大家都覺得很神奇。

〔解析〕此卦因為聽到牛在鳴叫「聲極悲」，擔心牛的命運恐有不測而起卦。依三要的刻應法，起卦前就有偏凶的判斷。結果得到師六三「師或輿尸，凶」，爻辭講的是大軍兵敗，載屍而歸，因此推論牛將死。再看體用生剋，互體震木與變卦巽木都剋體卦坤土，雖然用卦被體所剋，互卦又有坤土比和，不盡然全凶，但最後仍是依刻應與爻辭斷定為大凶。並以成卦之數二十一日為應期。

【雞悲鳴占】

甲申日卯時，有雞鳴於乾方，聲極悲愴，因占之。雞屬巽，為上卦。乾方為下卦，得風天小畜。以巽五乾一共六數，加卯時四數，總十數，

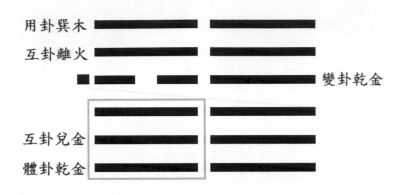

除六得四爻動變乾，是為小畜之六四。易曰：「有孚，血去惕出，无咎。」以血推之，割雞之義。卦則小畜之乾，互見離兌。乾金為體，離火剋之。卦中巽木離火，有烹飪之象。

斷曰：此雞十日當烹。果十日客至，有烹雞之驗。

甲申日卯時，有雞叫於乾的方位，聲音非常悲愴，因此就占斷看看。雞屬巽，做上卦。乾方做下卦，得到風天小畜卦。巽五乾一加起來為六，再加上卯時四，總共得十。除以六之後餘數四，四爻動變乾，小畜之六四爻辭說：「有孚，血去惕出，无咎。」以血來推斷，這是指割雞的意思。而從小畜之乾卦來看，互卦有離兌，乾金為體卦，離火剋之。卦中又有巽木離火，這是烹飪之象。

占斷說：這隻雞十日就會被殺來煮，果然十日之後客人來，應驗了雞被煮的預言。

〔解析〕此卦因聽到雞叫「聲極悲愴」，因此為這隻雞的未來感到憂心。依三要的刻應法，起卦前就已感覺到雞可能遭遇不測。結果得小畜六四爻辭說：「有孚，血去惕出，无咎。」有血光之災，再從卦象推論，又有烹飪之象，因此認為雞將遭烹。再看體用的五行生剋，此卦互卦兌及變卦乾與體卦比和，用卦巽木為乾金所剋，只有互卦離火剋乾金，照理說應該是偏吉的一卦，但依刻應法與卦爻辭，以及事理來推論，仍斷定為大凶。

【枯枝墜地占】

戊子日辰時，偶行至中途，有樹蔚然，無風，枯枝自墜地於兌方。占之，槁木為離，作上卦。兌方為下卦，得火澤睽。以兌二離三，加辰時五數，總十數，去六零四，變山澤損，是睽之九四。易曰：「睽孤，遇元夫。」卦火澤睽變損，互見坎離，兌金為體，離火剋之，且睽損卦名，俱有傷殘之義。

斷曰：此樹十日當伐。果十日，伐樹起公廨，而匠者適字「元夫」也。

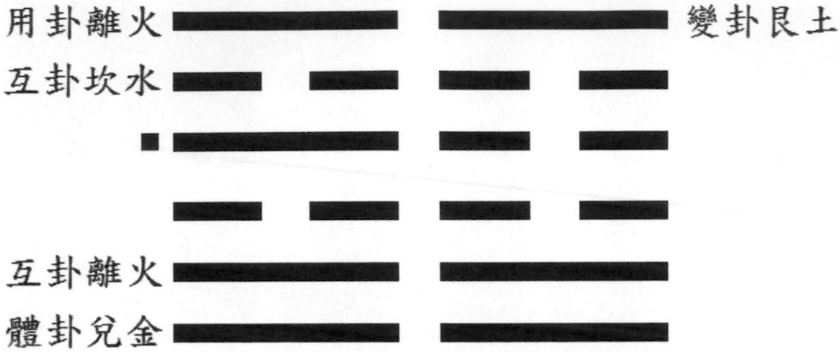

戊子日辰時，偶爾走到半路上，看到有樹長得很茂盛，沒有風，但枯枝卻自己墜落在兌方，因此就占斷看看。槁木是離，做上卦，兌方為下卦，得火澤睽卦。兌二離三，再加辰時為五，得十，除以六之後餘數為四，變山澤損卦。睽卦九四爻辭說：「睽孤，遇元夫。」卦為火澤睽變山澤損，互卦有坎離，兌金為體卦，離火剋體卦，而且睽與損的卦名，都有傷殘的意味。

占斷說：這棵樹十天之內就會遭到砍伐。果然十天之後，因為要蓋官署而遭砍伐，而砍這棵樹的人剛好名字叫「元夫」。

〔解析〕這一卦因為「枯枝自墜地」而起，寓義偏凶，得卦睽之九四「睽孤」，除了卦名睽和損都有傷殘的意味之外，《繫辭傳》：「弦木為弧，剡木為矢，弧矢之利，以威天下，蓋取諸睽。」睽卦有剡木之用，弧矢之利，也就是拿木頭製作弓與箭，樹恐怕有遭伐的危險，因此可推定這棵樹將遭砍伐的命運。卦中又有兩個離火剋體卦兌金，坎水洩兌金之氣，大凶之卦，因此以成卦之數斷定這棵樹十天之後將被砍伐。

〔總論〕以上各個占例，都是先得到卦，再依卦起數，這是所謂的後天之數（後天卦）。

總體來看，這幾個後天卦都很一致地使用《周易》卦爻辭，這也可做為後天卦的標準解卦體例，但不能以此做為總體梅花易的標準，也不能說後天卦非使用卦爻辭不可。首先，這些卦例在引用《周易》卦爻辭時，多穿鑿附會，並不是真的基於對卦爻辭的正解在詮釋，多只是借題發揮，做為聯想的線索與資訊。

其次，先天卦也有少數使用《周易》卦爻辭或卦義的，但多數還是未使用。最後，即使使用《周易》占筮，也沒有非使用卦爻辭不可的理由。可用卦爻辭來解釋的則用卦爻辭，或者有些事是可用卦爻辭來聯想，或隱喻的當然也用卦爻辭。但有時所問之事完全無法與卦爻辭關聯在一起，那麼最後還是要看卦象。梅花易的占解也當如此。

這些占例還有一個清楚的解卦框架。仔細分析每個卦例的五行生剋之後發現，和最終的吉凶判斷並不是很一致，但卻都與「刻應」完全一致。所以可以這麼說，這些卦的吉凶其實都是以「刻應」來決定的。「刻應者，即三要之訣也。占卜之頃，隨所聞所見吉凶之兆以為吉凶之應。」也就是看到吉就判定為吉，是凶則判定為凶。起卦只是想確立這個心中已感應到的吉凶，並推算具體將發生何事。

起卦之後首先必需先以《周易》卦爻辭來驗證心中所感應到的吉凶是否會相應。這裡的幾個例子，全都相應了，所以一路都是依刻應之訣的吉凶解釋下去。最終的五行生剋也只是在找出與刻應還有卦爻辭相應的卦象。

但假設刻應與卦爻辭的吉凶不一致呢？這時就當仔細檢驗卦爻辭，並以卦爻辭為主，再輔以體用生剋的卦象。

〈萬物賦〉這麼說：「未成卦以前，必虛心而求應；既成卦以後，觀刻應以為斷。聲音言語，傍人識兆，當遇形影往來，我心指實皆是，及其六爻已定，三天既生，始尋卦象之端，終測刻應之理。是以逢吉兆而終知有喜，見凶識而不免乎凶。故欲知他人家之事，必須憑我耳目之聞見。未成卦而聞見之，乃已生之事。既定卦而觀察之，乃未來之機。」

後天卦的精髓，就是以三要刻應先知道已經生成的事，再利用已知的現象起卦推數，推算未來。

體卦乾金
互卦巽木
互卦艮土
用卦坤土

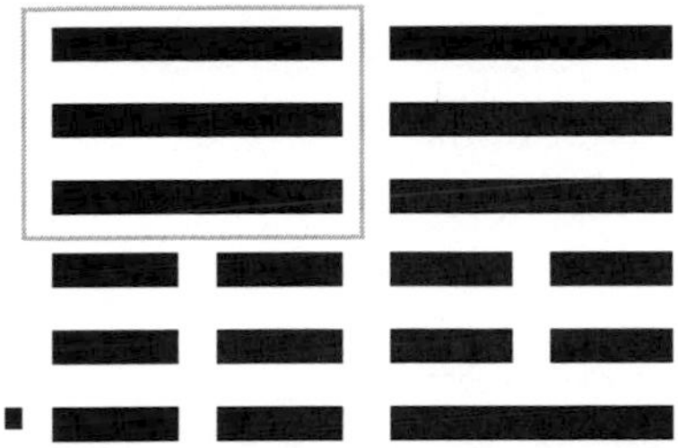

變卦震木

疾病占

《梅花易數》原文卷二〈疾病占第十六〉提到一系列卦例，全都以否卦為本卦，根據不同變爻而占解與疾病相關的問題。由於該系列卦例全都以占問疾病為核心，因此是疾病占的很好卦例教材。

又問：乾上坤下䷋，占病如何斷？

堯夫曰：乾上坤下第一爻動，便是生體之義。變為震木，互見巽艮，俱是生成之義，是謂不災，逢生之日即愈。

又問：乾上坤下得否卦䷋，占問病情，如何分析？

堯夫（即邵雍）回答：乾上坤下第一爻動成无妄䷘，用卦坤土生體卦乾金，就是用生體的意思，變卦是震木，互卦有巽卦和艮卦，震木和巽木都被乾金所剋，而艮土則

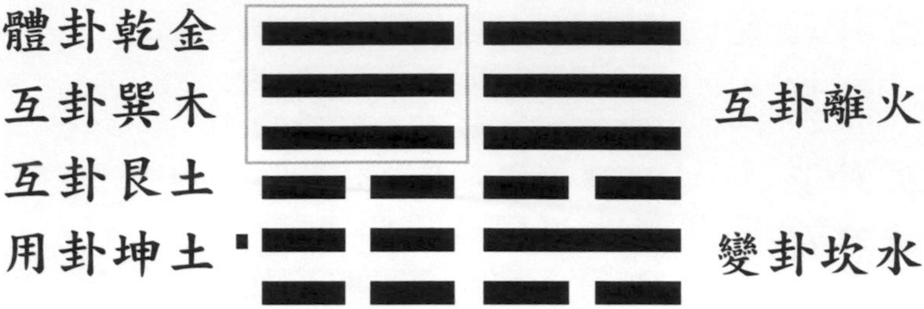

會生金，他卦全都具有生體的卦象，所以說不會有災害，遇到生體卦的日期，就會痊癒。

按：所謂生體卦的日期，是指五行為土的日期。因為此卦的吉應是坤土及艮土生體，因此以土來剋期。假設卦中的吉應來自比和，那麼就要改成以金來剋期。

又曰：第二爻動如何？

曰：是變為坎水，乃泄體敗金之義。金入水鄉，互見巽離，乃為風火扇爐，俱為剋體之義。更看占時外應如何，即為焚尸之象，斷之死無疑矣。以春夏秋冬四季推之，更見詳理。

又問：第二爻動否卦變成訟卦䷅如何占解？

答：否卦下卦坤變為坎水，金生水，對於體卦乾卦來說，這是泄氣敗金的意思。訟卦是乾金進入坎水之鄉，之卦的互卦出現了巽卦和離卦，這是風火扇爐，扇風點火之

體卦乾金
互卦巽木
互卦艮土
用卦坤土

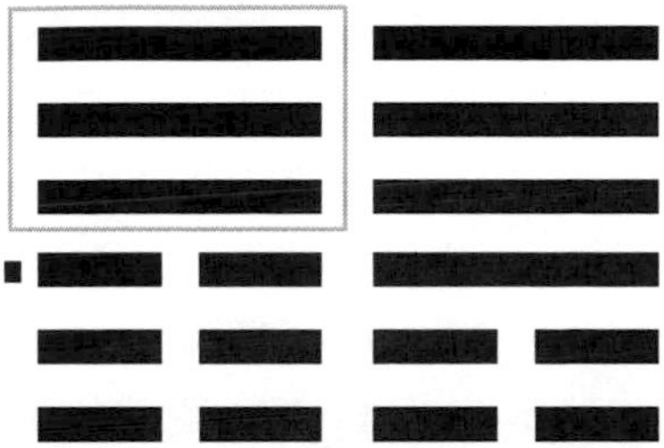

變卦艮土

象，全都是剋體的意思。再看占卦時的外應如何，就是焚燒屍體的卦象，判斷這個病情應該必死無疑。如果再以春夏秋冬四季來推理，可以進一步再看到詳細的義理。

按：此卦的占解模式極為奇特，除了以變卦坎水洩氣為斷之外，竟然還以之卦中互體的離火來斷定為大凶，以之卦互體來取象的另有一個買香占，但以之卦互體斷吉凶的這是唯一一例。事實上此卦總體卦象是偏吉的，若以「更看占時外應如何，即為焚尸之象」這句話來推斷，或許此卦在當時是有外應的凶象，但觀前後文，這又像是紙上談兵式的占解習題，不像實占。

又曰：第三爻動，坤變艮土，俱在生體之義，不問互卦，亦斷其吉無疑。

又問：第三爻動成天山遯卦䷠，否卦的坤卦變艮土，全部都有生體卦的卦象，因此不用再看互卦，直接斷

用卦乾金
互卦巽木
互卦艮土
體卦坤土

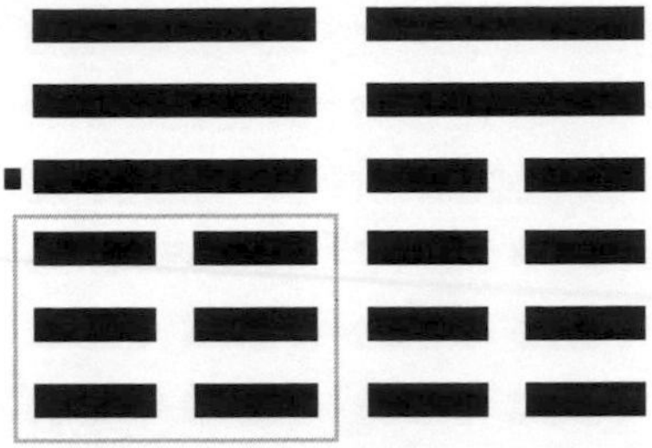

變卦巽木

定為吉，不用懷疑。

又曰：第四爻動，乾變巽木，金木俱有剋體之義，互吉亦凶。木有扛尸之義，金為磚碠之推。是理必定之推，是埋尸必定之理。

又問：第四爻動成觀卦䷓，否卦上卦乾金變巽木，體卦為坤土，坤土生用卦乾金為泄氣，變卦巽木也剋到體卦。金木全都有剋到體卦的卦象，就算互卦有比和的艮土出現吉象，總體來說還是凶象。巽是長長的木頭，有扛屍體的意味，金的話又可以推理到磚頭堆成的墓穴，所以推理一定有埋屍的應驗。

用卦乾金
互卦巽木
互卦艮土
體卦坤土

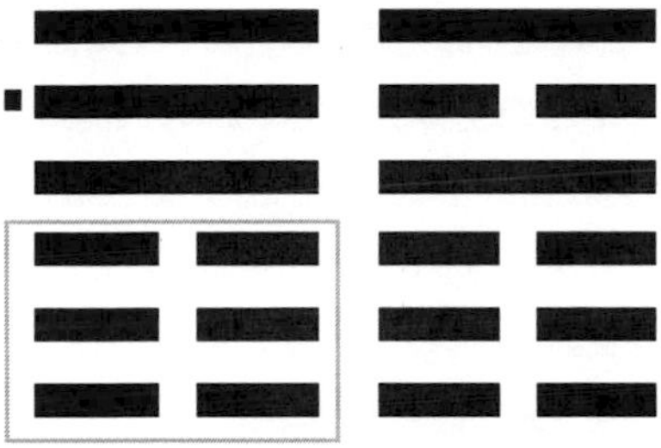

變卦離火

又曰：第五爻動，乾變離，反能生體，互變俱生體，是其吉無疑。更有吉兆則愈吉，凶則遲而忍死，其斷明矣。

又問：第五爻動變成火地晉卦䷢。

答：用卦乾變成離，變卦離火能夠生體卦坤土，互卦艮土為比和，因此有互卦變卦都生體的卦象。這卦是吉，不用懷疑。如果還有其他吉兆的話就會更吉，如果還有其他凶兆就會忍受病痛而遲遲不死。這個判斷再清楚不過了。

按：「更有吉兆則愈吉，凶則遲而忍死」，意思為可再參酌外應的吉凶之兆。若外應為吉則更吉，外應為凶，則吉中又帶凶。這是因為此卦的吉凶其實呈五五波，雖有艮土比和及離火相生的吉象，但又有乾金洩氣及巽木相剋的凶象。

用卦乾金
互卦巽木
互卦艮土
體卦坤土

變卦兌金

又曰：第六爻動，乾變兌，則能泄體，互見巽、艮，一凶一吉，其病非死必危。亦宜看兆吉凶，吉則言吉，凶則言凶。此斷甚明。餘卦皆仿此斷，則心易無不驗矣。

又問：第六爻動成澤地萃卦䷬。

答：用卦乾，變卦兌，兌卦和乾卦對體卦坤土都有泄氣之象，互卦有巽卦和艮卦，巽木剋坤體，艮土與坤比和，一凶一吉，這個病不死的話也一定很危險。最好還是再看其他兆象的吉凶，其他兆象是吉就說吉，是凶就說凶。這卦的判斷相當明白。其他卦也都仿照這個卦例，那麼心易就沒有不應驗的。

按：「亦宜看兆吉凶」指的是再依三要之訣，看刻應或外應的吉凶來決定。這卦總體論斷應該是大凶才是，因為乾兌兩金洩坤土之氣，又有巽木剋之，相當於有三個凶卦，凶象確定。雖然有一個體互比和。此卦實不大需要再看外應。

〔解析〕這一系列卦例收錄在疾病占裡，全都圍繞著本卦為否卦的情況。但這當中有些解卦方式是有疑義的。

首先是第二爻變，也就是否之訟那一卦，照理說，用卦坤土生體卦乾金，互卦艮土也生乾金，而互卦巽木被乾金所剋，雖然變卦坎水對於乾金來說是泄氣為凶象，但有其他更多吉卦存在，應該算是一個偏吉的卦，怎麼會斷定為凶？

其次，否之訟卦例中，在之卦裡取互卦「風火扇爐」之象而斷為必死無疑，這樣的取象也算是一個特例。或許，在疾病占裡，最忌泄氣之象，否則該卦難以論斷為凶。但這在第五個爻變否之晉的卦例裡又說不通。在上爻動否之萃的卦例裡，甚至有兩卦洩體之氣，反而也沒那麼凶。

第五個爻變，否之晉的卦例裡，用卦乾金對體卦坤土來說是洩氣，互卦巽木又剋坤土。雖然離火生土，艮土與坤比和，此卦應該屬於吉凶參半之卦，但該卦例直接判定為吉。總和兩個例子，似乎變卦的吉凶意義更優先於用卦。但在其他卦例中又不是如此，所以這一系列的卦例仍有許多待研究的疑義。

《梅花易數》原文

梅花易數序

宋慶曆中，康節邵先生隱處山林。冬不爐，夏不扇，蓋心在於易，忘乎其為寒暑也。猶以為未至，糊易於壁，心致而目玩焉。邃於易理，欲造易之數而未有徵也。一日午睡，有鼠走而前，以所枕瓦枕投擊之，鼠走而枕破。覺中有字，取視之：「此枕賣與賢人康節，某年月日某時，擊鼠枕破[1]。」先生怪而詢之陶家，其陶枕者曰：「昔一人手執《周易》憩坐，舉枕其書，必此老也。今不至久矣。吾能識其家。」

先生偕陶者往訪焉，及門，則已不存矣，但遺書一冊，謂其家人曰：「某年某月某時，有一秀士至吾家，可以此書授之，能終吾身後事矣。」其家以書授先生，先生閱之，乃易之文，並有訣例。推例演數，謂其人曰：「汝父存日，有白金置睡床西北窖中，可以營葬事。」其家如言，果得金。

1　夏昂《家傳邵康節先生心易卦數》作「此枕數當卯年肆月重四日巳日，見鼠而破」。

先生受書以歸，後觀梅，以雀爭勝布算，知次晚有鄰人女折花，墮傷其股。其卜筮蓋始於此，後世相傳，遂名《觀梅數》云。後算落花之日，午時為馬所踐毀；又算西林寺額，知有陰人之禍。凡此皆所謂先天之數也，蓋未得卦先得數也。以數起卦，故曰先天。

若夫見老人有憂色，卜而知老人有食魚之禍；見少年有喜色，卜而知有幣聘之喜；聞雞鳴而知雞必烹；聽牛鳴而知牛當殺。凡此皆後天之數也。蓋未得數，先得卦也。以卦起數，故曰後天。

一日，置一椅，以數推之，書椅底曰：「某年月日，當為仙客坐破。」至期，果有道者來訪，坐破其椅。仙客愧謝，先生曰：「物之成毀有數，豈足介意，且公神仙也，幸坐以示教。」因舉椅下所書以驗，道者愕然趣起，出忽不見。乃知數之妙，雖鬼神莫逃，而況於人乎？況於物乎？

清黃宗羲撰

卷一：象數易理篇

周易卦數

乾一，兌二，離三，震四。巽五，坎六，艮七，坤八。

五行生剋

金生水，水生木，木生火，火生土，土生金。
金剋木，木剋土，土剋水，水剋火，火剋金。

八宮所屬五行

乾兌金，坤艮土，震巽木，坎水，離火。

卦氣旺

震巽木旺於春，離火旺於夏，乾兌金旺於秋，坎水旺於冬。

坤艮土旺於辰戌丑未月。

卦氣衰

春坤艮，夏乾兌，秋震巽，冬離，辰戌丑未坎。

十天干

甲乙東方木，**丙丁**南方火，**戊己**中央土，**庚辛**西方金，**壬癸**北方水。

十二地支

子水鼠，**丑**土牛，**寅**木虎，**卯**木兔，**辰**土龍，**巳**火蛇，**午**火馬，**未**土羊，**申**金猴，**酉**金雞，**戌**土犬，**亥**水豬。

八卦象例

☰乾三連，☷坤六斷，☳震仰盂，☶艮覆碗。

☲離中虛，☵坎中滿，☱兌上缺，☴巽下斷。

占法

易中秘密窮天地，造化天機泄未然。
中有神明司禍福，從來切莫教輕傳。

玩法

一物從來有一身，一身還有一乾坤。
能知萬物備於我，肯把三才別立根。
天向一中分造化，人於心上起經綸。
仙人亦有兩般話，道不虛傳只在人。

卦數起例

卦以八除。凡起卦不問數多少，即以八作卦數。過八數，即以八數退除，以零數作卦。如一八除不盡，再除二八、三八，直除盡八數，以零數作卦。如得八數整，即坤卦，更不必除也。

爻以六除

凡起動爻，以重卦總數除六，以零作動爻。如不滿六，止用此數為動爻，不必再除。如過六數，則除之，一六不盡，再除二六、三六，直除盡，以零數作動爻。若一爻動，則看此一爻，是陽爻則變陰爻，陰爻則變陽爻。取爻當以時加之。

互卦只用八卦，不必取六十四卦重名。

互卦以重卦去了初爻及第六爻，以中間四爻分作兩卦，看得何卦。

又云：乾坤無互，互其變卦。

年月日時起例

以年月日為上卦，年月日加時為下卦。又以年月日時總數取爻，如子年一數，丑年二數，直至亥年十二數。月如正月一數，直至十二月，亦作十二數。日數如初一一數，直至三十日為三十數。以上年月日共計幾數，以八除之，以零數作上卦。時如子時一數，直至亥時為十二數，就將年月日數加時之數，總計幾數，以八除之，零數作下卦，就以除六數作動爻。

物數占

凡見有可數之物，即以此數起作上卦，以時數配作下卦。即以卦數並時數總除六取動爻。

聲音占

凡聞聲音，數得幾數，起作上卦，加時數配作下卦。又以聲音，如聞動物鳴叫之聲，或聞人敲擊之聲，皆可作數起卦。

字占

凡見字數，如停勻，即平分一半為上卦，一半為下卦。如字數不勻，即少一字為上卦，取天輕清之義，以多一字為下卦，取地重濁之義。

一字占

一字為太極未判。如草書，混沌不明，不可得卦。如楷書，則取其字畫，以左為陽畫，右為陰畫。居左者看幾數，取為上卦。居右者看幾數，取為下卦。又以一字之陰陽，全畫取爻。彳、丿，此為左者；一、乙、乀、此為右者。

二字占

二字為兩儀平分，以一字為上卦，一字為下卦。

三字占

三字為三才，以一字為上卦，二字為下卦。

四字占

四字為四象，平分上下為卦。又四字以上，不必數畫數，只以平仄聲音調之。平聲為一數，上聲為二數，去聲為三數，入聲為四數。

五字占

五字為五行，以二字為上卦，三字為下卦。

六字占

六字為六爻之象。平分上下為卦。

七字占

七字為數齊七政，以三字為上卦，四字為下卦。

八字占

八字為八卦定位，平分上下為卦。

九字占

九字為九疇之義，以四字為上卦，五字為下卦。

十字占

十字為成數，平分上下為卦。

十一字占

十一字以上至於百餘字，皆可起卦。但十一字以上，又不用平仄聲音調之，止用字數。如字數均平，則以半為上卦，以半為下卦。又合二卦總數取爻。

丈尺占

丈尺之物，以丈數為上卦，尺數為下卦。合丈尺之數取爻。寸數不係。

尺寸占

以尺數為上卦，寸數為下卦。合尺寸之數加時取爻。分數不用。

為人占

凡為人占，其例不一。或聽其語聲起卦，或觀其人品，或取諸身，或取諸物，或因其服色，觸其外物，或以年月日時，或以書寫來意。

又聽其語聲者，如或一句，即如其字數分之起卦，如說兩句，即用先一句為上卦，後一句為下卦。語多，則但用初聽一句，或末後所聞一句。餘句不用。

觀其人品者，如老人為乾，少女為兌之類。

取諸其身者，如頭動為乾，足動為震，目動為離之類。

取諸其物者，如人手中偶有何物，如金玉及圓物之屬為乾，土瓦及方物之屬為坤之類。

因其服色者，如其人青衣為震，赤衣為離之類。

觸其外物者，起卦之時見水為坎卦，見火為離卦之類。

年月日時，如觀梅之類推之。

書寫來意者。其人來占，或寫來意，則以其字占之。

自己占

凡自己欲占，以年月日時，或聞有聲音，或觀當時有所觸之外物，皆可起卦。以上三例，與前章為人占法同。

占動物

凡占群物之動，不可起卦。如見一物，則就以此物為上卦，物來之方位為下卦。合物卦數及方位卦數，加時數取爻，以此卦總斷其物，如後天占牛鳴雞叫之類。又凡牛馬犬豕之類。初生，則以初生年月日時占之。又或置買此物，亦可以初置買之時推之。

占靜物

凡占靜物，有如江河山石，不可起卦。若至屋宅、樹木之類，則屋宅初創之時，樹木初植之時，皆可起卦。至於器物，則置成之時可占，如枕、椅之類是矣。餘則無故不占。若觀梅，則見雀爭枝墜地而占。牡丹則因客問而占。茂樹則枝枯自墜而後占也。

端法後天起卦之例

物卦起例

後天端法：以物為上卦，方位為下卦，合物卦之數與方位卦之數加時數以取動爻。

八卦萬物類占（並為上卦）

乾卦：天、父、老人、官貴、頭、骨、馬、金、寶珠、玉、木果、圓物、冠、鏡、剛物、大赤色、冰寒。

坤卦：地、母、老婦、土、牛、釜、布帛、文章、輿輦、方物、柄、黃色、瓦器、腹、裳、黑色、黍稷、書、米、穀。

震卦：雷、長男、足、髮、龍、百蟲、蹄、竹、萑葦、馬鳴、馵足、的顙、稼、樂器之類、草木、青碧綠色、樹、木核、柴、蛇。

巽卦：風、長女、僧尼、雞、股、百禽、百草、臼、香氣、臭、繩、多白眼、羽毛、帆、扇、枝葉之類、仙道、工匠、直物、工巧之器。

坎卦：水、雨雪、工、豕、中男、溝瀆、弓輪、耳、血、月、盜、宮律、棟、叢棘、狐、蒺藜、桎梏、水族、魚、鹽、酒、醢、有核之物、黑色。

離卦：火、雉、日、目、電、霓、霞、中女、甲冑、戈兵、文書、槁木、爐、灶、龜、蟹、蚌、凡有殼之物、紅赤紫色、花、文人、乾燥物。

艮卦：山、土、少男、童子、狗、手、指、徑路、門闕、果蓏、閽寺、鼠、虎、狐、黔喙之屬、木生之物、藤生之瓜、鼻。

兌卦：澤、少女、巫、舌、妾、肺、羊、毀折之物、帶口之器、屬金者、廢缺之物、奴僕、婢。

八卦方位圖

		南方		
	巽	離	坤	
東方	震	中	兌	西方
	艮	坎	乾	
		北方		

右離南坎北，震東兌西，人則介乎其中。

凡物之從何方來，並起作下卦，加時取爻。

占例

觀梅占

〔年月日時占例〕

辰年十二月十七日申時，康節先生偶觀梅，見二雀爭枝墜地。先生曰：「不動不占，不因事不占。今二雀爭枝墜地，怪也。」因占之。辰年五數，十二月十二數，十七日十七數，共三十四數。除四八三十二，零二，屬兌，為上卦。加申時九數，總得四十三數，五八除四十，零得三數，為離，作下卦。又上下總四十三數，以六除，六七四十二，得一零為動爻，是為澤火革。初爻變咸，互見乾巽。

斷之曰：詳此卦，明晚當有女子折花，園丁不知而逐之，女子失驚墜地，遂傷其股。右兌金為體，離火剋之。互中巽木，復生起離火，則剋體之卦氣盛。兌為少女，因知女子之被傷。而互中巽木，又逢乾金兌金剋之，則巽木被傷。而巽為股，故有傷股之應。幸變為艮土，兌金得生，知女子但被傷，而不至凶危也。

牡丹占

巳年三月十六日卯時，先生與客往司馬公家，共觀牡丹。時值花開甚盛，客曰：「花盛如此，亦有數乎？」先生曰：「莫不有數，且因問而可占矣。」遂占之。以巳年六數，三月三數，十六日十六數，總得二十五數，除三八二十四數，零一數為乾，為上卦。加卯時四數，共得二十九數，又除三八二十四，得零五為巽卦，作下卦，得天風姤。又以總計二十九數，以六除之，四六除二十四，得零五為動爻，變鼎卦，互見重乾。遂與客曰：「怪哉，此花明日午時，當為馬所踐毀。」眾客愕然不信，次日午時，果有貴官觀牡丹，二馬相齧，群至花間馳驟，花盡為之踐毀。

斷之曰：巽木為體，乾金剋之，互卦又見重乾，剋體之卦多矣，卦中無生意，固知牡丹必為踐毀。所謂馬者，乾為馬也。午時者，離明之象，是以知之也。

鄰夜扣門借物占

〔係聞聲占例〕

冬夕酉時，先生方擁爐，有扣門者，初扣一聲而止，繼而又扣五聲，且云借物。先生令勿言，令其子占之，試所借何物。以一聲屬乾為上卦，以五聲屬巽為下卦，又以一乾五巽共六數，加酉時十數，共得十六數，以六除之，二六除一十二，得天風姤，第四爻變巽卦，互見重乾。卦中三乾金，二巽木，為金木之物也，又以乾金短，而巽木長，是借斧也。

子乃斷曰：「金短木長者，器也，所借鋤也。」先生曰：「非也。必斧也。」問之，果借斧，其子問何故？先生曰：「起數又須明理。以卦推之，斧亦可也，鋤亦可也。以理推之，夕晚安用鋤？必借斧。蓋斧切於劈柴之用耳。」推數又須明理，為占卜之切要也。推數不推理，是不得也。學數者誌之！

今日動靜如何

〔係聲音占例〕

有客問曰：「今日動靜如何？」遂將此六字占之。以平分「今日動」三字為上卦。「今」平聲，一數；「日」入聲，四數；「動」去聲，三數，共八數，得坤為上卦。以「靜如何」三字為下卦，「靜」去聲，三數；「如」平聲，一數；「何」平聲，一數，共五數，得巽，為下卦。又以八五總為十三數，除二六一十二，零得一數，為地風升。初爻動，變泰卦，互見震、兌。遂謂客曰：「今日有人相請，客不多，酒不醉，味至雞黍而已。」至晚果然。

斷曰：升者，有升階之義，互震、兌，有東西席之分。卦中兌為口，坤為腹，為口腹之事，故知有人相請。客不多者，坤土獨立，無同類之卦氣也。酒不醉，卦中無坎。味止雞黍者，坤為黍稷耳。蓋卦無相生之義，故知酒不多，食品不豐也。

西林寺牌額占

〔係字畫占例〕

先生偶見西林寺之額，林字無兩鈎，因占之。以西字七畫為艮，作上卦；以林八畫為坤，作下卦。以上七下八，總十五畫，除二六一十二，零數得三，是山地剝卦。第三爻動變艮，互見重坤。

斷曰：「寺者，純陽之所居，今卦得重陰之爻，而又有群陰剝陽之兆。詳此，則寺中當有陰人之禍。」詢之果然，遂謂寺僧曰：「何不添林字兩鈎，則自然無陰人之禍矣。」僧信然，即添林字兩鈎，寺果無事。

右純陽之人所居，得純陰之卦，故不吉。又有群陰剝陽之義，故有陰人之禍。若添林字兩鈎，則十畫除八得二為兌卦，合上艮，是為山澤損。第五爻變動為中孚卦，互卦見坤、震。損者益之始，用互俱生體，為吉卦。可以得安矣。

右以上並是先得數，以數起卦，所謂先天之數也。

端法占例

老人有憂色占

己丑日卯時，偶在途行，有老人往巽方，有憂色。問其何以有憂？曰無。怪而占之，以老人屬乾為上卦，巽方為下卦，是天風姤。又以乾一巽五之數加卯時四數，總十數，除六得四為動爻，是為天風姤之九四。《易》曰：「包無魚，起凶。」是易辭不吉矣。以卦論之，巽木為體，乾金剋之，互卦又見重乾，俱是剋體，並無生氣，且時在途行，其應速。遂以成卦之數中分而取其半，謂老人曰：「汝於五日內謹慎出入，恐有大禍。」果五日，此老赴吉席，因魚骨鯁而終。

右凡占卜剋應之期，看自己之動靜，以決事之遲速，故行則應速，以遂成卦之數，中分而取其半也。坐則事應於遲，當倍其成卦之數而定之也。立則半遲半速，止以成卦之數定之可也。雖然如是，又在變通，如占牡丹及觀梅之類，則二花皆朝夕之故，豈特成數之久也。

少年有喜色占

壬申日午時，有少年從離方來，喜形於色，問有何喜？曰無。遂占之，以少年屬艮為上卦，離為下卦，得山火賁。以艮七離三加午時為七，總十七數，除二六十二，零五為動爻，是為賁之六五，爻曰：「賁於丘園，束帛戔戔，吝，終吉。」易辭已吉矣。卦則賁之家人，互見震、坎，離為體，互變俱生之。

斷曰：子於十七日內必有幣聘之喜。至期，果然定親。

牛哀鳴占

癸卯日午時，有牛鳴於坎方，聲極悲，因占之。牛屬坤，為上卦，坎方為下卦。坎六坤八，加午時七，共二十一數，除三六一十八，零三爻動，得地水師之六三。易辭曰：「師或輿尸，凶。」卦則師變升，互坤、震，乃坤為體，互變俱剋之，並無生氣。

斷曰：此牛二十一日內必遭屠殺。後二十日，有人買此牛，殺以犒眾，人皆異之。

雞悲鳴占

甲申日卯時，有雞鳴於乾方，聲極悲愴，因占之。雞屬巽，為上卦。乾方為下卦，得風天小畜。以巽五乾一共六數，加卯時四數，總十數，除六得四爻動變乾，是為小畜之六四。易曰：「有孚，血去惕出，无咎。」以血推之，割雞之義。卦則小畜之乾，互見離兌。乾金為體，離火剋之。卦中巽木離火，有烹飪之象。

斷曰：此雞十日當烹。果十日客至，有烹雞之驗。

枯枝墜地占

戊子日辰時，偶行至中途，有樹蔚然，無風，枯枝自墜地於兌方。占之，槁木為離，作上卦，兌方為下卦，得火澤睽。以兌二離三，加辰時五數，總十數，去六零四，變山澤損，是睽之九四。易曰：「睽孤，遇元夫。」卦火澤睽變損，互見坎離，兌金為體，離火剋之，且睽損卦名，俱有傷殘之義。

斷曰：此樹十日當伐。果十日，伐樹起公廨，而匠者適字「元夫」也。

右以上諸占例，並是先得卦，以卦起數，所謂後天之數也。

風覺鳥占

風覺鳥占者，謂見風而覺，見鳥而占也。然非風鳥而占，而謂風覺鳥占也。凡卦之寓物者，皆謂之風覺鳥占。如易數，總謂之觀梅之數也。

風覺占

風覺占者，謂其見風而覺也，見鳥而占也。凡見風起而欲占之，便看風從何方而來，以之起卦。又須審其時，察其色，以推其聲勢，然後可斷其吉凶。風從南方來者，為家人。（南方屬離火，合得風火家人卦）。東來者，為益卦之類。

審其時者，春為發生和暢之風，夏為長養之風，秋為肅殺，冬為凜冽之類。察其色者，帶埃煙雲氣，可見其色黃者，祥瑞之氣，青者半凶半吉。白主刀兵，昏黑者凶，赤色者災，紅紫者吉。

辨其聲勢者，其風聲如陣馬，主鬥爭。如波濤者，有驚險。如悲咽者，有憂虞。如奏樂者，有喜事。如喧呼者，主鬧哄。如烈焰者，主火驚。其聲洋洋而來，徐徐而去者，吉慶之兆也。

鳥占

鳥占者，見鳥可占也。凡見鳥群，數其隻數，看其方所，聽其聲音，辨其毛羽色，皆可起數。又須審其名義，察其鳴叫，取其吉凶。見鳥而占，數其隻數者，如一隻屬乾，二隻屬兑，三隻屬離。看其方所者，即離南坎北之數。聽其聲音者，如鳥叫一聲屬乾，二聲屬兌，三聲屬離之類，皆可起卦。聽聲音者，若夫鳴叫之喧啾者，主口舌；鳴叫悲咽者，主憂愁；鳴叫嘹亮者，主吉慶。此取斷吉凶之聲音也。察其名義者，如鴉報災，鵲報喜，鸞鶴為祥瑞，鴞鵩為妖孽之類是也。

聽聲音占

聲音者，如靜室無所見，但於耳中所聞起卦，或數其數，驗其方所；或辨其物聲，詳其所屬，皆可起卦。察其悲喜，助斷吉凶。數其數目者，如一聲屬乾，二聲屬兌。驗其方所者，離南坎北之類是也。如人語聲，及動物鳴叫之聲，聲自口出者屬兌。而靜物扣擊屬震，鼓拍槌敲板木之聲是也。金聲屬乾，鐘磬鉦鐸之聲是也。火聲屬離，烈焰爆竹等聲是也。土聲屬坤，築基、杵垣、坡崩、山裂是也。此辨其物聲，詳其所屬也。察其悲喜，助斷吉凶者，如聞人語笑聲，又說吉語，娛笑者，有喜也。聞人悲泣聲與怨聲愁語，及罵詈窮歎等聲，不吉也。

形物占

形物占者，凡見物形，可以起卦。如物之圓者屬乾，剛者屬兌，方者屬坤，柔者屬巽，仰者屬震，覆者屬艮，長者屬巽，中剛外柔者屬坎，內柔外剛者屬離，乾燥枯槁者屬離，有文彩者亦屬離，有障礙之勢、物之破者屬兌。

驗色占

凡占色之青者屬震，紅赤紫者屬離，黃色者屬坤，白色屬兌，黑色屬坎之類是也。

八卦所屬內外動靜之圖

【乾】玄黃、大赤色、金、玉[1]、寶珠、鏡、獅、圓物、木果、貴物、刃、冠、象、馬、天鵝、剛物。

【坎】水、帶子帶核之物[2]、豕、魚、弓輪、水具、水中之物、鹽、酒、黑色。

【艮】土石、黃色、虎、狗、土中之物、瓜菓、百禽、鼠、黔喙之屬。

---

1 通行本「金玉」相連。《說卦傳》：「乾為金、為玉。」

2 通行本作「水帶子、帶核之物」。誤。

【震】竹木、青碧綠色、龍、蛇、萑葦、竹木樂器、草、蕃鮮之物。

【巽】木、蛇、長物、青碧綠色、山木之禽鳥、香、雞、直物、竹木之器、工巧之器。

【離】火、文書、干戈、雉、龜、蟹、槁木、甲胄、螺、蚌、鱉、物赤色。

【坤】土、方物[1]、五穀、柔物、絲綿、百禽、牛、布帛、輿、釜[2]、瓦器、黃色。

【兌】金刃、金器、樂器、澤中之物、白色、有口缺之物、羊。

八卦萬物類占

【乾卦】

一　金

乾為天，天風姤，天山遯，天地否。

風地觀，山地剝，火地晉，火天大有。

1 「方物」或作「萬物」。

2 「釜」通行本作「金」，或與前輿字相連為「輿金」。《說卦傳》：「坤為輿、為釜」。

天時：天、冰、雹、霰。
地理：西北方、京都、大郡、形勝之地、高亢之所。
人物：君、父、大人、老人、長者、官宦、名人、公門人。
人事：剛健武勇、果決、多動少靜、高上屈下。
身體：首、骨、肺。
時序：秋、九十月之交、戌亥年月日時、五金年月日時。
動物：馬、天鵝、獅、象。
靜物：金、玉、寶珠、圓物、木果、剛物、冠、鏡。
屋舍：公廨、樓臺、高堂、大廈、驛舍、西北向之居。
家宅：秋占宅興隆、夏占有禍、冬占冷落、春占吉利。
婚姻：貴官之眷、有聲名之家、秋占宜成、冬夏占不利。
飲食：馬肉、珍味、多骨、肝肺、乾肉、木果、諸物之首、圓物、辛辣之物。
生產：易生，秋占生貴子，夏占有損，坐宜向西北。
求名：有名，宜隨朝內任。刑官、武職、掌寶，宜西北方之任，天使、驛官。
謀望：有成，利公門。宜動中有財，夏占不成，冬占多謀少遂。
交易：宜金玉珍寶珠貴貨，易成，夏占不利。

求利：有財，金玉之利，公門中得財，秋占大利，夏占損財，冬占無財。
出行：利於出行，宜入京師，利西北之行，夏占不利。
謁見：利見大人。有德行之人宜見，官貴可見。
疾病：頭面之疾，肺疾、筋骨疾、上焦病。夏占不安。
官訟：健訟，有貴人助，秋占得勝，夏占失理。
墳墓：宜向西北，宜乾山氣脈，宜天穴，宜高，秋占出貴，夏占大凶。
方道：西北。
五色：大赤色、玄色。
姓字：帶金傍者、商音、行位一四九。
數目：一、四、九。
五味：辛、辣。

【坤卦】

八　土

坤為地，地雷復，地澤臨，地天泰。

雷天大壯，澤天夬，水天需，水地比。

天時：雲陰、霧氣。
地理：田野、鄉里、平地、西南方。
人物：老母、后母、農夫、鄉人、眾人、大腹人。
人事：吝嗇、柔順、懦弱、眾多。
身體：腹、脾、胃、肉。
時序：辰戌丑未月、未申年月日時、八五十月日。
靜物：方物、柔物、布帛、絲綿、五穀、輿、釜、瓦器。
動物：牛、百獸、為牝馬。
屋舍：西南向、村居、田舍、矮屋、土階、倉庫。
家宅：安穩、多陰氣、春占宅舍不安。
飲食：牛肉、土中之物、甘味、野味、五穀之味、芋筍之物、腹臟之物。
婚姻：利於婚姻、宜稅產之家、鄉村之家、或寡婦之家。春占不利。
生產：易產，春占難產、有損，或不利於母，坐宜西南方。
求名：有名、宜西南方。或教官、農官，守土之職。春占虛名。
交易：宜利交易，宜田土交易，宜五穀。利賤貨、重物、布帛。靜中有財，春占不利。

求利：有利，宜土中之利、賤貨重物之利。靜中得財，春占無財，多中取利。
謀望：利求謀，鄉里求謀。靜中求謀，春占少遂，或謀於婦人。
出行：可行、宜西南行，宜往鄉里行，宜陸行。春占不宜行。
謁見：可見，利見鄉人，宜見親朋或陰人。春不宜見。
疾病：腹疾、脾胃之疾。飲食停傷，穀食不化。
官訟：理順，得眾情，訟當解散。
墳墓：宜向西南之穴，平陽之地，近田野。宜低葬。春不可葬。
姓字：宮音，帶土姓人，行位八五十。
數目：八、五、十。
方道：西南。
五味：甘。
五色：黃、黑。

【震卦】

四　木

震為雷，雷地豫，雷水解，雷風恒。

地風升，水風井，澤風大過，澤雷隨。

天時：雷。

地理：東方、樹木、鬧市、大途、竹林、草木茂盛之所。

人物：長男。

人事：起動、怒、虛驚、鼓噪、多動少靜。

身體：足、肝、髮、聲音。

時序：春二月[1]，卯年月日時，四三八月日。

靜物：木竹、萑葦、樂器（屬竹木者）、花草繁鮮之物。

動物：龍、蛇。

屋舍：東向之居、山林之處、樓閣。

家宅：宅中不時有虛驚，春冬吉，秋占不利。

飲食：蹄、肉、山林野味、鮮肉、菓酸味、菜蔬。

婚姻：可，有成，聲名之家。利長男之婚。秋占不宜婚。

求利：山林竹木之財，動處求財。宜東方求財，或山林、竹木、茶貨之利。

---

1 通行本作「三月」。

求名：有名，宜東方之任，施號發令之職，掌刑獄之官。有茶竹木稅課之任，或鬧市司貨之職。

生產：虛驚，胎動不安。頭胎必生男。坐宜東向。秋占必有損。

疾病：足疾、肝經之疾、驚怖不安。

謀望：可望、可求。宜動中謀，秋占不遂。

交易：利於成交，秋占難成。動而可成，山林、木竹、茶貨之利。

官訟：健訟，有虛驚，行移取勘反覆。

謁見：可見，宜見山林之人，利見宜有聲名之人。

出行：宜行，利於東方，利山林之人。秋占不宜行，但恐虛驚。

墳墓：利於東向，山林中穴，秋不利。

姓字：角音，帶木姓氏，行位四八三。

數目：四、八、三。

方道：東。

五味：酸味。

五色：青、綠、碧。

【巽卦】

五　木

巽為風，風天小畜，風火家人，風雷益。

天雷无妄，火雷噬嗑，山雷頤，山風蠱。

天時：風。

地理：東南方之地，草木茂秀之所，花果菜園。

人物：長女、秀士、寡髮之人[1]、山林仙道之人。

人事：柔和、不定、鼓舞、利市三倍、進退不果。

身體：肱股、氣、風疾。

時序：春夏之交，三五八之月日時，三月，辰巳年月日時，四月。

靜物：木香、繩、直物、長物、竹木、工巧之器。

動物：雞、百禽、山林中之禽、蟲。

屋舍：東南向之居，寺觀樓園、山林之居。

---

1 通行本皆作「寡婦之人」，依《說卦傳》，巽為「寡髮之人」。

家宅：安穩利市，春占吉，秋占不安。
飲食：雞肉，山林之味，蔬果，酸味。
婚姻：可成，宜長女之婚，秋占不利。
生產：易生，頭胎產女，秋占損胎，宜向東南坐。
求名：有名，宜文職。有風憲之力，宜入風憲，宜茶果竹木稅貨之職，宜東南之任。（按：風憲即風紀法度。）
求利：有利三倍，宜山林之利，秋占不利，竹茶木貨之利。
交易：可成，進退不一。交易之利，山林交易，山林木茶之類。
謀望：可謀望，有財，可成，秋占多謀少遂。
出行：可行，有出入之利，宜向東南行，秋占不利。
謁見：可見，利見山林之人，利見文人秀士。
疾病：股肱之疾、風疾、腸疾、中風、寒邪、氣疾。
姓字：角音，草木傍姓氏，行位五三八。
官訟：宜和，恐遭風憲之責。
墳墓：宜東南方向，山林之穴，多樹木，秋占不利。
數目：五、三、八。

方道：東南。
五味：酸味。
五色：青綠、碧、潔白。

【坎卦】

六　水

坎為水，水澤節，水雷屯，水火既濟。
澤火革，雷火豐，地火明夷，地水師。
天時：雨、月、雪、霜、露。
地理：北方、江湖、溪澗、泉井、卑濕之地（溝瀆、池沼、凡有水處）。
人物：中男、江湖之人、舟人、盜賊。
人事：險陷卑下，外示以柔，內存以剛。漂泊不成，隨波逐流。
身體：耳、血、腎。
時序：冬十一月，子年月日時，一六之月日。
靜物：水、帶子帶核之物、弓輪、矯揉之物、酒器、水具。
動物：豕、魚、水中之物。

屋舍：向北之居、近水、水閣、江樓、茶酒肆、宅中濕地之處。

飲食：豕肉、酒、冷味、海味、羹湯、酸味、宿食、魚、帶血、醃藏、有帶核之物、水中之物、多骨之物。

家宅：不安、暗昧、防盜。

婚姻：利中男之婚、宜北方之姻、不利成婚、不可婚辰戌丑未月。

生產：難產有險，宜次胎、中男。辰戌丑未月有損，宜北向。

求名：艱難，恐有災陷，宜北方之任，魚鹽河泊之職、酒兼醋。

求利：有財失，宜水邊財，恐有失陷。宜魚鹽酒貨之利，防陰失、防盜。

交易：不利成交，恐防失陷。宜水邊交易，宜魚鹽酒貨之交易，或點水人之交易。

謀望：不宜謀望，不能成就，秋冬占可謀望。

出行：不宜遠行，宜涉舟，宜北方之行。防盜，恐遇險阻陷溺之事。

謁見：難見，宜見江湖之人，或有水傍姓氏之人。

疾病：耳痛、心疾、感寒、腎疾、胃冷、水瀉、痼冷之病、血病。

官訟：不利，有陰險，有失，困訟，失陷。

墳墓：宜北向之穴，近水傍之墓，不利葬。

姓字：羽音，點水傍之姓氏，行位一六。
數目：一、六。
方道：北方。
五味：鹹、酸。
五色：黑。

【離卦】

☲ 火

離為火，火山旅，火風鼎，火水未濟。
山水蒙，風水渙，天水訟，天火同人。
天時：日、電、虹、霓、霞。
地理：南方、乾亢之地、窖灶、爐冶之所、剛燥厥地、其地面陽。
人物：中女、文人、大腹、目疾人、介胄之士。
人事：文書之所[1]、聰明才學、相見虛心、書事。

[1] 通行本作「文畫之所」。

身體：目、心、上焦。
時序：夏五月，午火年月日時，三二七日。
靜物：火、書、文、甲胄、干戈、槁衣、乾燥之物、赤色之物。
動物：雉、龜、鱉、蟹、螺、蚌。
屋舍：南舍之居、陽明之宅、明窗、虛室。
家宅：安穩、平善，冬占不安，剋體主火災。
飲食：雉肉、煎炒、燒炙之物、乾脯之類，熱肉。
婚姻：不成，利中女之婚。夏占可成，冬占不利。
生產：易生，產中女。冬占有損，坐宜向南。
求名：有名，宜南方之職，文官之任，宜爐冶坑場之職。
求利：有財，宜南方求。有文書之財，冬占有失。
交易：可成，宜有文書之交易。
謀望：可以謀望，宜文書之事。
出行：可行，宜動向南方，就文書之行。冬占不宜行，不宜行舟。
謁見：可見南方人，冬占不順，秋見文書考案才士。
官訟：易散，文書動，辭訟明辨。

疾病：目疾、心疾、上焦熱病、夏占伏暑、時疫。
墳墓：南向之墓、無樹木之所、陽穴。夏占出文人，冬占不利。
姓字：徵音，帶火及立人傍姓氏，行位三二七。
數目：三、二、七。
方道：南。
五色：赤、紫、紅。
五味：苦。

【艮卦】

七 土

艮為山，山火賁，山天大畜，山澤損。
火澤睽，天澤履，風澤中孚，風山漸。
天時：雲、霧、山嵐。
地理：山徑路、近山城、丘陵、墳墓、東北方。
人物：少男、閑人、山中人。
人事：阻隔、守靜、進退不決、反背、止住、不見。

身體：手指、骨、鼻、背。
時序：冬春之月，十二月，丑寅年月日時，土年月日時，七五十數月日。
靜物：土石、瓜果、黃物、土中之物。
動物：虎、狗、鼠、百獸、黔喙之物。
家宅：安穩。諸事有阻，家人不睦。春占不安。
屋舍：東北方之居，山居近石近路之宅。
飲食：土中物味，諸獸之肉。墓畔竹筍之屬，野味。
婚姻：阻隔難成，成亦遲，利少男童之婚。春占不利，宜對鄉里婚。
求名：阻隔無名，宜東北方之任，宜土官山城之職。
求利：求財阻隔，宜山林中取財。春占不利，有損失。
生產：難生，有險阻之厄。宜向東北，春占有損。
交易：難成，有山林田土之交易，春占有失。
謀望：阻隔難成，進退不決。
出行：不宜遠行，有阻，宜近陸行。
謁見：不可見，有阻，宜見山林之人。
疾病：手指之疾，脾胃之疾。

官訟：貴人阻滯，官訟未解，牽連不決。
墳墓：東北之穴，山中之穴，春占不利，近路邊有石。
姓字：宮音，帶土字傍之姓氏，行位五七十。
數目：五、七、十。
方道：東北方。
五色：黃。
五味：甘。

【兌卦】

二　金

兌為澤，澤水困，澤地萃，澤山咸。
水山蹇，地山謙，雷山小過，雷澤歸妹。
天時：雨澤、新月、星。
地理：澤、水際、缺池、廢井、山崩破裂之地，其地為剛鹵。
人物：少女、妾、歌妓、伶人、譯人、巫師。
人事：喜悅、口舌、讒毀、謗説、飲食。

身體：舌、口、肺、痰、涎。

時序：秋八月，酉年月日時，金年月日，二四九數月日。

靜物：金刃、金類、樂器、廢物、缺器。

動物：羊、澤中之物。

屋舍：西向之居、近澤之居、敗牆壁宅、門戶有損。

家宅：不安，防口舌。秋占喜悅，夏占家宅有禍。

飲食：羊肉、澤中之物、宿味、辛辣之味。

婚姻：不成，秋占可成，有喜，主成婚之吉，利婚少女。夏占不利。

生產：不利、恐有損胎，或則生女。夏占不利，坐宜向西。

求名：難成，因名有損，利西之任，宜刑官、武職、伶官、譯官。

求利：無利，有損財利，主口舌。秋占有財喜，夏占破財。

出行：不宜遠行，防口舌，或損失。宜西行，秋占宜行，有利。

交易：不利，防口舌，有爭競。夏占不利，秋占有交易之財喜。

謀望：難成，謀中有損。秋占有喜，夏占不遂。

謁見：利行西方，見有咒詛。

疾病：口舌、咽喉之疾。氣逆喘疾，飲食不飡。

墳墓：宜西向，防穴中有水、近澤之墓。夏占不宜，或葬廢穴。
官訟：爭訟不已，曲直未決，因公有損，防刑。秋占為體，得理勝訟。
姓字：商音，帶口帶金字傍姓氏，行位四二九。
數目：二、四、九。
方道：西方。
五色：白。
五味：辛、辣。
右萬物之象，庶事之多不止於此。占者宜各以其類而推之耳。

卷二：體用生剋篇

心易占卜玄機

天下之事有吉凶，托占以明其機。

天下之理無形迹，假象以顯其義。

故乾有健之理，於馬之類見之。

故占卜寓吉凶之理，於卦象內見之。

然卦象一定不易之理，而無變通之道，不可也。

易者，變易而已矣。至如今日觀梅，復得革兆，有女子折花。異日果有女子折花，可乎？今日算牡丹得姤兆，為馬所踐，異日果為馬所踐毀，可乎？且兑之屬，非止女子。乾之屬，非止馬。謂他人折花有毀，皆可。切驗之真，是必有屬矣。

嗟乎！占卜之道，要變通。得變通之道者，在乎心易之妙耳！

占卜總訣

大抵占卜之法，成卦之後，先看《周易》爻辭，以斷吉凶。如乾卦初九「潛龍勿用」，則諸事未可為，宜隱伏之類。九二「見龍在田，利見大人」，則宜謁見貴人之類。餘皆仿此。

次看卦之體用，以論五行生剋。

體用即動靜之說。體為主，用為事應。用生體及比和則吉[1]，體生用及用剋體則不吉。

又次看剋應。

如聞吉說，見吉兆，則吉。聞凶說，見凶兆，則凶。見圓物，事易成。見缺物，事終毀之類。

復驗己身之動靜。

坐則事應遲，行則事應速，走則愈速，臥則愈遲之類。

數者既備，可盡占卜之道，必需以易卦為主，剋應次之。俱吉則大吉，俱凶

[1] 通行本或作「用為事，應用事體，及比和則吉」。

則大凶。有凶有吉，則詳審卦辭，及體用剋應之類，以斷吉凶也。要在圓機，不可執滯。

占卜論理訣

數說當也，必以理論之而後備。苟論數而不論理，則拘其一見而不驗矣。且如飲食得震，則震為龍。以理論之，龍非可取，當取鯉魚之類代之。又以天時之得震，當有雷聲，若冬月占得震，以理論之，冬月豈有雷聲，當有風撼震動之類。既知以上數條之訣，復明乎理，則占卜之道無餘蘊矣。

先天後天論

先天卦斷吉凶，止以卦論，不甚用易之爻辭。後天則用爻辭，兼用卦辭。何也？蓋先天者，未得卦，先得數，是未有易書，先有易理，辭前之易也，故不必用易書之辭，專以卦斷。

後天則以先得卦，必用卦畫，辭後之易也。故用以爻之辭，兼易卦辭以斷之也。

又後天起卦，與先天不同，其數不一。今人多以坎一、坤二、震三、巽四、中五、乾六、兌七、艮八、離九，此數為用。蓋聖人作易畫卦，始以太極、兩儀、四象、八卦加一倍數，自成乾一、兌二、離三、震四、巽五、坎六、艮七、坤八。故占卜起卦，合以此數為用。

又今人起後天卦，多不加時，得此一卦，止此一爻動，更無移易變通之道。故後天起卦定爻，必加時而後可。

又先天之卦，定事應之期，則取之卦氣。如乾兌則應如庚辛及五金之日。或乾為戌亥之日時，兌為酉日時。如震巽當應於甲乙及五木之日，或震取卯，巽取辰之類。

後天則以卦數加時數，總之而分行臥坐立之遲速，以為事應之期。卦數時類，應近而不能決諸遠者，必合先後之卦數取決可也。

又凡占卦中決斷吉凶，其理洞見，止於全卦體用生剋之理，及參易辭，斯可矣。今日以後天卦，卻於六十甲子之日取其時方之魁破敗亡滅迹等以助斷決。蓋曆象選時，並於《周易》不相干涉，不可用也。

卦斷遺論

凡占卜決斷，固以體用為主，然有不拘體用者。如起例中，西林寺額得山地剝，體用互變俱比和，則為吉，而乃不吉，何也？蓋寺者，純陽人居之地，而純陰爻象，則群陰剝陽之義顯然也。此理甚明，不必拘體用也。

又若有人問：「今日動靜如何？」得地風升，初爻動，用剋體卦，俱無飲食矣，而亦有人相請，雖飲食不豐，而終有請，何也？此人當時必有當日之應，又有「如何」二字帶口，為重兌之義。

又有用不生體，互變生之而吉者，若少年有喜色，占得山火賁是也。

又有用不生體，互變俱剋之而凶者，如牛哀鳴占得地水師是也。

蓋少年有喜色，占則略知其有喜，而易辭又有「束帛戔戔」之吉，是二者俱吉，互變俱生，愈見其吉矣。雖用不生體不吉，不為其害也。牛鳴之哀，則略知其有凶，而易爻復有「輿尸」之凶，互變俱剋，愈見其凶。雖用爻不剋，不能掩其凶也。

蓋用易斷卦，當用理勝處驗之，不可拘執於一也。

八卦心易體用訣

心易之數，得之者眾。體用之訣，有之者罕。

余幼讀易書，長參數學，始得心易卦數。初見起例，以知占其吉凶。如以蠡測海，茫然無涯。後得至人，見授體用心易之訣，而後占事決疑，始有定據。驗則驗，如由基射的[1]，百發百中。其要在於分體用之卦，察其五行生剋比和之理，而明乎吉凶悔吝之機也。於是易數之妙始見，而易道之卦義備矣。乃世有真實，人罕遇之耳。得此者，幸甚秘之！

體用總訣

體用云者，如易卦具卜筮之道，則易卦為體，以卜筮用之，此所謂體用者。借體用二字以寓動靜之卦，以分主客之兆，以為占例之準則也。

大抵體用之說，體卦為主，用卦為事，互卦為事之中間，刻應變卦為事之終應。

體之卦氣宜盛不宜衰。盛者如春震巽，秋乾兌，夏離，冬坎，四季之月坤艮

---

[1] 「驗則驗，如由基射的」夏昂《家傳邵康節先生心易卦數》作「其驗則如由機射的」。

是也。衰者，春坤艮，秋震巽，夏乾兌，冬離，四季之月坎是也。

宜受他卦之生，不宜受他卦之剋。他卦者，謂用、互、變也。生者，如乾兌金體，坤艮生之；坤艮土體，離火生之。離火體，震巽木生之。餘皆仿此。剋者，如金體火剋，火體水剋之類。

體用之說，動靜之機。八卦主賓，五行俱有生剋。體為己身之兆，用為應事之端。體宜受用卦之生，用宜見體卦之剋。體盛則吉，體衰則凶。用剋體固不宜，體生用亦非利。體黨多而體勢盛，用黨多則體勢衰。如卦體是金，而互變皆金，則是體之黨多。如用卦是金，而互變皆金，則是用之黨多。體生用，為之洩氣，如夏火逢土，亦洩氣。

體用之間，比和則吉，互乃中間之應，變乃末後之期。故用吉變凶者，先吉後凶；用凶變吉者，先凶後吉。體剋用，諸事吉；用剋體，諸事凶。體生用，有耗失之患；用生體，有進益之喜。體用比和，則百事順遂。

又看全卦中有生體之卦，看是何卦。

乾卦生體，則主公門中有喜益，或功名上有喜，或因官有財，或問訟得理，或有金寶之利，或有老人上進財，或尊長惠送，或有官貴之喜。

坤卦生體，主有田土之喜，或於田土進財，或得鄉人之益，或得陰人之利，或有果穀之進，或有布帛之喜。

震卦生體，則主山林之益，或因山林得財，或進東方之財，或因動中有喜，或有木貨交易之利，或因草木姓氏人稱心。

巽卦生體，亦主山林之益，或因山林得財，或於東南得財，或因草木姓人而進利，或以茶果得利，或有茶果菜蔬饋送之喜。

坎卦生體，有北方之喜，或受北方之財，或水邊人進入，或因點水姓氏人稱心，或有魚鹽酒貨交易之利[1]，或有饋送魚鹽酒之喜。

離卦生體，主有南方之財，或有文書之喜，或有爐冶場之利，或因火姓人而得財。

艮卦生體，有東北方之財，或山田之喜，或因山林田土獲財，或得宮音帶土人之財。物當安穩，事有終始。

兌卦生體，有西方之財，或喜悦事，或有食物金玉貨利之源，或商音之人，或帶口之人欣逢，或主賓之樂，或朋友講習之喜。

又看卦中有剋體之卦者，看是何卦。如：

1 通行本皆作「魚鹽酒貨文書交易之利」，但坎無文書之象，「文書」當為衍文，此依夏昂家傳本修改。

乾卦剋體，主有公事之擾，或門戶之擾，或有財寶之失，或於金穀有損，或有怒於尊長，或得罪於貴人。

坤卦剋體，主有田土之憂，或于田土有損，或有小人之害，或有陰人之侵，或失布帛之財，或喪穀粟之利。

震卦剋體，主有虛驚，常多恐懼，或身心不能安靜，或家宅見妖災，或草木姓氏之人相侵，或于山林有所失。

巽卦剋體，亦有草木姓人相害，或于山林上生憂。謀事，乃東南方之人；處家，忌陰人小口之厄。

坎卦剋體，主有險陷之事，或寇盜之憂，或失意於水邊人，或生災於酒後，或點水姓氏人相害，或北方人見殃。

離卦剋體，主文書之擾，或失火之驚，或有南方之憂，或火人相害。

艮卦剋體，諸事多迍，百謀中阻。或有山林田土之失，或帶土人相侵，防東北方之禍害，或憂墳墓不甚安穩。

兌卦剋體，不利西方，主口舌事之紛爭。或帶口傍姓字人侵欺，或有毀折之患，或因飲食而生憂。

生剋不逢，止隨本卦而論之。

天時占第一

凡占天時，不分體用，全觀諸卦，詳推五行。

離多主晴，坎多主雨，坤乃陰晦，乾主晴明。震多則春夏雷轟，巽多則四時風烈，艮多則久雨必晴，兌多則不雨亦陰。夏占離多而無坎則亢旱炎炎，冬占坎多而無離則雨雪飄飄。

全觀諸卦者，謂互、變卦。五行謂離屬火，主晴；坎為水，主雨；坤為地氣，主陰；乾為天，主晴明；震為雷，巽為風，秋冬震多無制，亦有非常之雷，有巽佐之，則為風撼震動之應；艮為山雲之氣，若雨久，得艮則當止。艮者，止也，亦土剋水之義。兌為澤，故不雨亦陰。

夫以造化之辨固難測，理數之妙亦可憑，是以乾象乎天，四時晴明；坤體乎地，一氣慘然。乾坤兩同，晴雨時變。坤艮兩並，陰晦不常。卜數有陽有陰，卦象有奇有偶。陰雨陽晴，奇耦暗重。

坤為老陰之極，而久晴必雨；乾為老陽之極，而久雨必晴[1]。若逢重坎重

1 通行古本皆作「陰氣而久雨必晴」，無「乾為老陽之極」一句，文義不通。今本多修訂為「乾為老陽之極，而久雨必晴」，武陵出版李姜佐《入門詳解》本校訂為「陰氣洩散，而久雨必晴」。

離，亦曰時晴時雨。坎為水，必雨；離為火，必晴。乾兌之金，秋明晴，冬雪凜冽；坤艮之土，春雨澤，夏火炎蒸。易曰：「雲從龍，風從虎。」又曰：「艮為雲，巽為風。」艮巽重逢，風雲際會，飛沙走石，蔽日藏山，不以四時，不必二用。坎在艮上，布霧興雲，若在兌上，凝霜作雪。

乾兌為霜雪霰雹，離火為日電虹霓。離為電，震為雷，重會而雷電俱作。坎為雨，巽為風，相逢而風雨驟興。震卦重逢，雷驚百里。坎爻疊見，潤澤九垓。

故卦體之兩逢，亦爻象之總斷。地天泰，水天需，昏濛之象。天地否，水地比，黑暗之形。八純離，夏必旱，四季皆晴。八純坎，冬必寒，四時必雨。久雨不晴，逢艮必止。久晴不雨，得此亦然。又若水火既濟、火水未濟，四時不測風雲；風澤中孚，澤風大過，三冬必然雨雪。水山蹇，山水蒙，百步必須執蓋。地風升，風地觀，四時不可行船。離在艮上，暮雨朝晴，離互艮宮，暮晴朝雨。巽坎互離，虹霞乃見，巽離互坎，造化亦同。

又須推測四時，不可執迷一理。震離為雹為雷，應在夏天，乾兌為霜為雪，驗於冬月。

天地之理大矣哉！理數之妙至矣哉！得斯文者，當敬寶之。

人事占第二

人事之占，詳觀體用。體卦為主，用卦為賓。

用剋體不宜，體剋用則吉。

用生體有進益之喜，體生用有耗失之患。

體用比和，謀為吉利。

更詳觀互卦、變卦，以斷吉凶；復究盛衰，以明休咎。

人事之占，則以全體用總章，同決吉凶。若有生體之卦，即看前章八卦中生體之卦有何吉，又看剋體之卦有何凶，即看前章剋體之卦。無生剋，止斷本卦。

家宅占第三

凡占家宅，以體為主，用為家宅。

體剋用則家宅多吉，用剋體則家宅多凶。

體生用，多耗散，或防失盜之憂。

用生體，多進益，或有饋送之喜。

體用比和，家宅安穩。

如有生體之卦，即以前章人事占斷之。

屋舍占第四

凡占屋舍，以體為主，用為屋舍。

體剋用，居之吉。用剋體，居之凶。

體生用，主資財冷退。

用生體，則門戶興隆。

體用比和，自然安穩。

婚姻占第五

占婚姻以體為主，用為婚姻。

用生體，婚易成，或因婚有得。

體生用，婚難成，或因婚有失。

體剋用，可成，但成之遲。

用剋體，不可成，成亦有害。

體用比和，婚姻吉利。

占婚，體為所占之家，用為所婚之家。
體卦旺，則此家門戶勝；
用卦旺，則彼家資盛。
生體，則得婚姻之財，或彼有相就之意。
體生，則無嫁奩之資，或此去求婚方諧。
若體用比和，則彼此相就，良配無疑。
乾：端正而長。
坎：邪淫、黑色、嫉妒、奢侈。
艮：色黃多巧。
震：美貌難犯。
巽：髮少稀疏，醜陋心貪。
離：短，赤色，性不常。
坤：貌醜，大腹而黃。
兌：高長，語話喜悅，白色。

生產占第六

占生產，以體為母，用為生。

體用俱宜乘旺，不宜乘衰。宜相生，不宜相剋。

體剋用，不利於子。用剋體，不利於母。

體剋用而用卦衰，則子難完。

用剋體而體卦衰，則母難保。

用生體，易於產母。體生用，利於所生[1]。

體用比和，生育順快。

若欲辨其男女，當於前卦審之。

陽卦陽爻多者則生男，陰卦陰爻多者則生女。

陰陽卦爻相生，則察所占左右人之奇偶以證之。

如欲決其日辰，則以用卦之氣數參決之。日期用卦之氣數者，即看何為用卦，於八卦時序之類決之。

1 通行古本多作：「用生體，易於母。體生用，易於生。」文義較不通順。此依夏昂家傳本。

飲食占第七

凡占飲食，以體為主，用為飲食。

用生體，飲食必豐。體生用，飲食難就。

體剋用，則飲食有阻。用剋體，飲食必無。

體用比和，飲食豐足。

又卦中有坎則有酒，有兑則有食。無坎無兑，則皆無。

兑坎生體，酒肉醉飽。

欲知所食何物，以飲食推之。

欲知席上何人，以互卦人事推之。

飲食人事類者，即前八卦內萬物類占是也。

求謀占第八

占求謀，以體為主，用為所謀之應。

體剋用，謀雖可成，但成遲。

用剋體，求謀不成，成亦有害。

用生體，不謀而成。
體生用，則多謀少遂。
體用比和，求謀稱意。

求名占第九

凡占求名，以體為主，用為名。
體剋用，名可成，但成遲。
用剋體，名不可成。
體生用，名不可就，或因名有喪。
用生體，名易成，或因名有得。
體用比和，功名稱意。
欲知名成之日，生體之卦氣詳之。
欲知職任之處，變卦之方道決之。
若無剋體之卦，則名易就，止看卦體時序之類，以定日期。
若在任占卜，最忌見剋體之卦，如卦有剋體者，即居官見禍，輕則在位責罰，重則削官退職。其日期，剋體之卦氣者，於八卦所屬時序類中斷之。

求財占第十

占求財，以體為主，以用為財。

體剋用，有財。用剋體，無財。

體生用，財上有損耗之憂。用生體，財上有進益之喜。

體用比和，財利快意。

欲知得財之日，生體之卦氣定之。欲知破財之日，剋體之卦氣定之。

又若卦中有體剋用之卦，及生體之卦，則有財，此卦氣即見財之日。若卦中有剋體之卦，及體生用之卦，即破財，此卦氣即破財之日。

交易占第十一

占交易，以體為主，用為交易之應。

體剋用，交易成遲。用剋體，不成。

體生用，難成，或因交易有失。

用生體，即成，成必有財。

體用比和，易成交易。

出行占第十二

占出行，以體為主，用為所行之應。

體剋用，可行，所至多得意。

用剋體，出則有禍。體生用，出行有破耗之失。

用生體，有意外之財。體用比和，出行順快。

又凡出行，體宜乘旺，諸卦宜生體。

體卦乾震多，主動。坤艮多，主不動。

巽宜舟行，離宜陸行。坎妨失脫，兌主紛爭。

行人占第十三

占行人，以體為主，用為行人。

體剋用，行人歸遲。用剋體，行人不歸。

體生用，行人未歸。用生體，行人即歸。

體用比和，歸期不日矣。

又以用卦為行人之盈旺。

逢生，在外順快。逢衰受剋，在外災殃。
震多不寧，艮多有阻。坎有險難，兌主紛爭。

謁見占第十四

占謁見，以體為主，用為所見之人。
體剋用，可見。用剋體，不見。
體生用，難見，見之而無益。
用生體，可見，見之且有得。
體用比和，歡然相見。

失物占第十五

占失物，以體為主，用為失物。
體剋用，可尋，遲得。用剋體，不可尋。
體生用，物難見。用生體，物易尋。
體用比和，物不失矣。
又以變卦為失物之所在。

如變是乾，則覓於西北或公廨樓閣之所，或金石之傍，或圓器之中，或高亢之地。

變卦是坤，則覓於西南方，或田野之所，或倉稟之處，或稼穡之處，或土窖穴藏之所，或瓦器方器之中。

震則尋於東方，或山林之所，或叢棘之內，鐘鼓之傍，或鬧市之地，或大途之所。

巽則尋於東南方，或山林之所，或寺觀之地，或菜蔬之園，或舟車之間，或木器之內。

坎則尋於北方，多藏於水邊，或溪井溝渠之所，或酒醋之邊，或魚鹽之地。

離則尋於南方，或庖廚之間，或爐灶之傍，或在明窗，或遺虛室，或在文書之側，或在煙火之地。

艮則尋於東北方，或山林之內，或近路邊，或岩石傍，或藏土穴。

兌則尋於西方，或居澤畔，或敗垣破壁之內，或廢井缺沼之中。

疾病占第十六

凡占疾病，以體為病人，用為病症。

體卦宜旺不宜衰，體宜逢生，不宜見剋。用宜生體，不宜剋體。

是故體剋用，病易安。體生用，病難愈。

體剋用者，勿藥有喜。用剋體者，雖藥無功。

若體逢剋而乘旺，猶為庶幾。體遇剋而更衰，斷無存日。

欲知凶中有救，生體之卦存焉。

體生用者，遷延難好。用生體者，即愈。體用比和，疾病易安。

欲究平和之候，生體之卦決之。

欲詳危厄之期，剋體之卦定之。

欲論醫藥之屬，當審生體之卦。如離卦生體，宜服熱藥。坎卦生體，宜服冷藥，如艮溫補，乾兑涼藥是已。

又有信鬼神之說，雖非易道，然不可謂易道之不該。姑以理推之。

如卦有剋體者，即可測其鬼神。

乾卦剋體，主有西北方之神，或兵刀之鬼，或天行時氣，或稱正之邪神。

坤則西南之神，或曠野之鬼，或連親之鬼，或水土里社之神，或犯方隅，或無主之祟。

震則東方之神，或木下之神，或妖怪百端，或影響時見。

巽則東南之鬼，或自縊戕生，或枷鎖致命。
坎則北方之鬼，或水傍之神，或沒溺而亡，或血疾之鬼。
離則南方之鬼，或猛勇之神，或犯灶司，或得愆於香火，或焚燒之鬼。或遇熱病而亡。
艮則東北之神，或是山林之祟，或山魈木客，或土怪石精。
兑則西方之神，或陣亡之鬼，或廢疾之鬼，或刎頸戕生之鬼。
卦中無剋體之卦者，不必論之。
又問：乾上坤下，占病如何斷？
堯夫曰：乾上坤下第一爻動，便是生體之義。變為震木，互見巽艮，俱是生成之義，是謂不災，逢生之日即愈。
又曰：第二爻動如何？曰：是變為坎水，乃泄體敗金之義。金入水鄉，互見巽離，乃為風火扇爐，俱為剋體之義。更看占時外應如何，即為焚尸之象，斷之死無疑矣。以春夏秋冬四季推之，更見詳理。
又曰：第三爻動，坤變艮土，俱在生體之義，不問互卦，亦斷其吉無疑。
又曰：第四爻動，乾變巽木，金木俱有剋體之義，互吉亦凶。木有扛尸之義，金為磚𥓓之推。是理必定之推，是埋尸必定之理。

又曰：第五爻動，乾變離，反能生體，互變俱生體，是其吉無疑。更有吉兆則愈吉，凶則遲而忍死，其斷明矣。

又曰：第六爻動，乾變兌，則能泄體，互見巽艮，一凶一吉，其病非死必危。亦宜看兆吉凶，吉則言吉，凶則言凶。此斷甚明。餘卦皆仿此斷，則心易無不驗矣。

官訟占第十七

占官訟，以體為主，用為對辭之人與官訟之應。

體卦宜旺，用卦宜衰。體宜用生，不宜生用。用宜生體，不宜剋體。是故體剋用者，己勝人。用剋體者，人勝己。

體生用，非惟失理，或因官有所喪。

用生體，不止得理，或因訟有所得。

體用比和，官訟最吉。非但扶持之力，必有主和之義。

墳墓占第十八

占墳墓以體為主，用為墳墓。

體剋用，葬之吉。用剋體，葬之凶。
體生用，葬之主冷退。用生體，葬之主興隆，有蔭益後嗣。
體用比和，乃為吉地。大宜安葬，葬之吉昌。
右用體之訣，始以十八章占例，以示後學之法則。然庶務之多，豈止十八占而已乎！然此十八占，乃大事之切要者，占者以類而推之可也。

三要靈應篇序

夫易者，性理之學也。性理，具於人心者也。當其方寸湛然，靈台皎潔，無一毫之干，無一塵之累。斯時也，性理具在而易存，吾心渾然是易也，其先天之易也。

及夫慮端一起，事根忽萌，物之著心，如雲之蔽空，如塵之蒙鏡。斯時也，汩沒茫昧，而向之易存吾心者，泯焉爾。

故三要之妙，在於運耳、目、心三者之虛靈，俾應於事物也。耳之聰，目之明，吾心實總乎聰明。蓋事根於心，心該乎事，然事之未萌也，雖鬼神莫測其端，而吉凶禍福，無門可入。故先師曰：「思慮未動，鬼神不知；不由乎我，更由乎誰？」若夫事萌於心矣，鬼神知之矣。吉凶悔吝有其數，然吾預知之，何道歟？必曰：「求諸吾心，易之妙而已矣。」

於是寂然不動，靜慮誠存，觀變玩占，運乎三要，必使視之不見者，吾見之；聽之不聞者，吾聞之。如形之見示，如音之見告，吾之瞭然鑒之。則易之為卜筮之道，而易在吾心矣。

三要不虛，而靈應之妙斯得也。是道也，寓至精至神之理，百姓日用而不知，安得圓機通三昧者，與之論此。

先師劉先生，江夏人，號湛然子，得之王屋山人高處士云。

時寶慶四年，仲夏既望，清靈子朱虛拜首序。

三要靈應篇

三要者，運耳、目、心三者之要也。靈應者，靈妙而應驗也。

夫耳之於聽，目之於視，心之於思，三者為人一身之要，而萬物之理不出於視聽之外。占決之際，寂聞澄慮，靜觀萬物，而聽其音之吉凶，見其形之善惡，察其理之禍福，皆可為占卜之驗。如谷之應聲，如影之隨形，灼然可見也。

其理出於《周易》「遠取諸物，近取諸身」之法。是編則出於先賢先師，采世俗之語為之例，用之者鬼谷子、嚴君平、東方朔、諸葛孔明、郭璞、管輅、李淳風、袁天罡、皇甫真人、麻衣仙、陳希夷。繼而得者邵康節、邵伯溫、劉伯溫、牛思晦、牛思繼、高處士、劉湛然、富壽子、泰然子、朱清靈子。其年代相傳不一，而不知其姓名者不與焉。

原夫：

天高地厚，萬物散殊。陰濁陽清，五氣順布。

禍福莫逃乎數，吉凶皆有其機。人為萬物之靈，心乃一身之主。目寓而為形於色，耳得而為音於聲。三要總之，萬物備矣。

○　右乃天地萬物之靈，而耳、目、心三者之要，故曰三要也。

是以遇吉兆而順有吉，見凶讖而不免乎凶。物之圓者事成，缺者事敗。此理斷然，夫復何疑？

○　右乃占物剋應，見吉則吉，遇凶則凶。

是以雲開見日，事必增輝；煙霧障空，物當失色。忽顛風而飄蕩，遇震雷以虛驚。月忽當面，宜近清光。雨乍沾衣，可蒙恩澤。

○　右乃仰觀天文，以驗人事。

重山為阻隔之際，重澤為浸潤之深。水流而事通，土積而事滯。石乃堅心始得，沙乃放手即開。浪激主波濤之驚，坡崩主田土之失。

旱沼之傍，心力俱竭，枯林之下，相貌皆衰。

○　右乃俯察地理，以驗人事。

適逢人品之來，實為事體之應。

故榮宦顯官，宜見其貴；富商巨賈，可問乎財。

兒童哭泣憂子孫，吏卒叫囂忌官訟。

二男二女，重婚之義。一僧一道，獨處之端。

婦人笑語則陰喜相逢，女子牽連則陰私見累。

匠氏主門庭改換，宰夫則骨肉分離。

逢獵者得野外之財，見漁者有水邊之利。

見孕婦則事萌於內，遇瞽者則慮根於心。

○　右乃人品之應，以驗人事。

至於搖手而莫為，或掉頭而不肯。

拭目而噴嚏者方泣，搔首而彈垢者有憂。

足動者有行，交臂者有失。屈指者多阻節，噓氣者主悲憂。

舌出掉者有是非，背相向者防閃賺[1]。
偶攘臂者爭奪乃得，偶下膝者屈抑而求。
○ 右乃近取諸身之應。

若逢童子授書，有詞訟之端。主翁笞僕，防責罰之事。
講論經史，事體徒間於虛說。語歌詞曲，謀為轉見於悠揚。
見賭博主爭鬥之財，遇題寫主文書之事。
偶攜物者受人提攜，適挽手者遇事牽連。
○ 右乃人事之應。

及夫舟楫在水，憑其接引而行。車馬登途，藉之負戴而往。
張弓挾矢者必領薦，有箭無弓者未可試。
持刀執刃，須求快利之方。披甲操戈，可斷剛強之柄。
纍絲者事務繁冗，圍棋者眼目眾多。

1 閃賺：為人所欺騙、戲弄。

粧花刻果，終非結實之因。畫影描形，皆為粧點之類。

絡繹將成，可以問職。筆墨俱在，可以求文。

偶傾蓋者主退權，忽臨鏡者可赴詔。

抱貴器者有非常之用，負大木者有不小之財。

升斗宜量料而前，尺剪可裁度以用。

見蹴踘，有人撥剔。開鎖鑰，遇事疏通。

逢補器，終久難堅。值磨鏡，再成始得。

頑斧磨鋼者遲鈍得利，快刀砍木者利事傷財。

裁衣服者破後方成，造瓦器者成後乃破。

奕棋者取之以計，張網者摸之以空。

或持斧鋸恐有傷，或滌壺觴恐有飲。

或揮扇者有相招之義，或污衣者防謀害之侵。

○　右乃器物之應，即遠取諸物之義。

雖云草木之無情，亦於卜筮而有應。故芝蘭為物之瑞，松柏為壽之堅。

遇椿檜則歲久年深，遇菌菰則朝生暮死。占病占產，得之即死之兆。

枝葉飄零當萎謝，根核流落主牽連。
奇葩端的虛花，嘉果可以結實。
○　右乃草木之應。

至於飛走，最有禎祥。故烏鴉報災，蟢蟲報喜。
鴻雁主朋友之信，蛇虺防毒害之謀。
鼠嚙衣有小口之災，雀噪簷有遠行之至。
犬鬭恐招盜賊，雞鬭主有喧爭。
牽羊者喜慶將臨，騎馬者出入皆利。
猿猴攀木，身心不定。鯉魚出水，變化不凡。
繩拴馬，疾病難安。架陷禽，囚人未脫。
○　右乃禽獸之應。

酒乃忘憂之物，藥乃怯病之方。
故酒樽忽破，樂極生悲。醫師道逢，難中有救。
藤蘿之類堪依倚，虎豹之象可施威。

耕田鋤地者事勢必翻，破竹剖竿者事勢必順。
春花秋月，雖無實而有景。夏綿冬葛，雖有用而背時。
涼扇多主棄捐，晴傘漸逢閑廢。
泡影電光，虛幻難信。蛛絲蠶繭，巧計方成。
○　右乃雜見觀物之應。

若見物形，可知字體。故石逢皮則破，人傍木為休。
笠漂水畔，泣字分明。火入山林，焚形可見。
三女有姦私之擾，三牛有犇走之憂。
一木兩火，榮耀之兆。一水四魚，鰥寡之象。
人繼牛倒防失脫，人言犬中憂獄囚。
一斗入空門者鬥爭，兩絲掛白木者樂事。
一人立門，諸事有閃。二人夾木，所問必來。
○　右為拆字之應。

復指物名，以叶音義。如見鹿可以問祿，見蜂可以言封。
梨主分別，桃主逃走。見李則問訟得理，逢冠則問名得官。
鞋為百事和諧，榼則諸事可合。
難以詳備，在於變通。
○　右即物叶音之義。

及夫在我之身，實為彼事之應。
故我心憂者彼事亦憂，我心樂者彼事亦樂。
我適閒，彼當從容；我值忙，彼當窘迫。
○　右即自己之應，近取諸身之義。

欲究觀人之道，須詳係易之辭。將叛者其辭慚，將疑者其辭支。
吉人之辭寡，躁人之辭多。誣善之人其辭游，失其守者其辭屈。
○　右一動一靜之應，近取諸身之義。

又推五行，須詳八卦。

卦吉而應吉終吉，卦凶而應凶終凶。卦應一吉一凶，事體半吉半凶。明生剋之理，察動靜之機。事事相關，物物相應。此五行八卦及剋應動靜之理。活法更存乎方寸，玄機又在於師傳。縱萬象之紛紜，惟一理而融貫。務要相機而發，須要臨事而詳。

○ 右言占卜之理在人變通之妙。

嗟夫，方朔射覆，知事物之隱微。諸葛馬前，定吉凶於頃刻。皇甫坐端之妙，淳風鳥覺之占。雖所用之有殊，誠此理之無異。[1]

○ 右言三要靈應妙處。

可以契鬼神之妙，可以會蓍龜之靈。然人非三世，莫能造其玄。心非七竅，莫能悟其奧。故得其說者宜秘，非其人者莫傳。輕泄天機，重遭陰譴。造之深可

1 方朔射覆，東方朔以射覆而聞名。射覆，漢代流行的遊戲，以占筮的方法猜測覆蓋起來的東西。諸葛馬前，諸葛亮在馬前隨意一算馬上就可定出吉凶。世傳一本託名諸葛亮的偽作，名為《馬前課》，是一種讖緯式的預言書。皇甫坐端，皇甫真人的坐端占法。淳風鳥覺之占，唐朝李淳風以鳥覺為占。漢後傳有「風角鳥占」之法，以聽風之五音，以及鳥鳴聲來斷定吉凶，三國管輅善於此。

以入道，用之久可以通神。

○右言靈應之妙，不可輕傳妄授，宜秘之重之，以重斯道也。

十應奧論

十應固出於三要，而妙乎三要。但以耳目所得，如見吉兆而終須吉，若逢凶識不免乎凶，理之自然也。然以此而遇吉凶，亦有未然者也。黃金白銀，為世之寶，三要得之，必以為祥。十應之訣，遇金有不吉者。利刃銳兵，世謂兇器，三要得之，亦以為凶。十應之說，遇兵刃反有吉者。又若占產見少男，三要得之，得為生子之喜，十應見少男則凶。占病遇棺，三要占之必死。十應以為有生意。例多若此，是占卜物者，不可無失應也。

十應目論

十應並以體卦為主，諸用卦為用。每以內外分體，用卦參觀為妙。內卦不吉而外卦又吉，可以解其不吉。內卦吉而外卦不吉，反破其吉。若內外卦全吉，則斷然吉。全凶則斷然凶。其內吉外凶，內凶外吉，又須詳理以斷吉凶，慎不可膠柱鼓瑟也。外卦十應之目，則有天時地理及寫字等，其十一類之應，並以體卦為主，而隨其所應以為用也。

復明天時之應

如天無雲翳，明朗之際，為乾之時。乾兌為體，則比和而吉。坎為體，則逢生而大吉。坤艮為體，則洩氣。震巽為體，則見剋而不吉矣。晴霽日中，為離之時，坤艮為體則吉。雨雪為坎之時，震巽為體則吉，離為體則不吉。雷風為震巽之時，離為體則吉，坤艮為體則不吉。此天時之應也。

復明地理之應

茂樹秀竹為震之地，離與震巽為體則吉，坤艮為體則凶。江湖、河池、川澤、溪澗為坎之地，震巽與坎為體則吉，而離為體則不吉。窯灶之地為離，坤艮並離為體則吉，而乾兌為體則不吉。巖穴之地為艮，乾兌與艮為體則吉，坎為體則不吉。此地理之應也。

復明人事之應

人事有論卦象五行者，有不論卦象五行者。論卦象，則老人屬乾，老婦屬坤，艮為少男，兌為少女之類。五行生剋比和之理，與前天時、地理之卦同斷。

其不分卦象五行者，則以人事之紛了見雜出，有吉有凶，此應則隨其吉凶而為之兆也。又觀其事則亦為某人。此人事之應也。

復明時令之應

時令不必論卦象，但詳其令，月日值之五行衰旺之氣，旺者如：寅卯之月日則木旺，巳午之月日火旺，申酉之月日金旺，亥子之月日水旺，辰戌丑未之月日土旺。衰者如：木旺則土衰，土旺則水衰，水旺火衰，火旺則金衰，金旺則木衰。是故生體之卦氣，宜值時之旺氣，不宜衰氣。如剋體卦氣，則宜乘衰。此時令之應也。

復明方卦之應

即分方之卦，如離南、坎北、震東、兑西、巽東南、乾西北、艮東北、坤西南之類也。論吉凶者，看來占之人在何卦位，而以用卦參詳。如坎為用卦，宜在坎與震巽之位，在離則不吉。離為用卦，宜在離與坤艮之位，在乾兑二位則不吉矣。蓋宜在本卦之方，為用卦生之方，不宜受用卦剋也。若夫氣在之卦所在之方，又當審之。如水從坎來，為坎卦氣旺。水從坤艮來，則坎之卦氣衰。火從南來，為離卦氣旺，如從北來，則離之卦氣衰。餘皆倣此。大抵本卦之方，生為旺，受剋為衰，宜以體卦參之。生體卦氣，宜受旺方；剋體卦氣，宜受剋方。此方卦之應也。又震巽之方，不論坤艮。坤艮之方不論坎。坎方不論離。離方不論乾。乾兌之方，不論震巽。以其寓卦受方卦之剋也。

復明動物之應

動物有論卦象者。乾為馬，坤為牛，震為龍，巽為雞，坎為豕，離為雉，艮為狗，兌為羊，又螺蚌龜鱉為離之象，魚類為坎之屬，此動物之卦，以體詳與。又不論卦象五行者，如烏鴉報災，靈鵲報喜，鴻雁主有書信，蛇蟲防有毒害，雞唱為佳音，馬嘶為動意。此動物之應也。

復明靜物之應

器物之類，有論卦象者。如水屬坎，火屬離，木之氣屬震巽，金之氣屬乾兌，土之氣屬坤艮，為體卦，要參詳。其不分卦象者，但觀其器物之兆，如物之圓者事成，器之缺者事敗。又詳其器物是何物，如筆硯主文書之事，袍笏主官職之事，樽俎之具有宴集，枷鎖之具防官災。百端不一，審其物器。此靜物之應也。

復明言語之應

聞人言語，不論卦象，但詳其所言之事緒而占卜之。應聞吉語則吉，聞凶語則凶。若聞鬧叢，言語喧集，難以決斷。若定人少之處，或言語可辨其事緒，則審其所言何事，心領而意會之。如說朝廷還選，可以求名。論江湖州郡，主出行。言爭訟之事，主官司。言喜慶之事，利婚姻。事緒不一，隨所聞以依之。此言語之應也。

復明聲音之應

耳所聞之聲音而論卦象，則雷為震，風聲為巽，雨聲為坎，水聲為坎。鼓拍槌柝之聲，出於木者，皆屬震巽。鐘磬鈴鐃之聲，出於金者，皆屬乾兌。此聲音之論卦象。若為體，參詳決之。如聞聲音，有歡笑之聲，主有喜。悲愁之聲，主有憂。歌唱之聲，主快樂。怒號之聲，主爭喧。至若物聲，則鴉聲報災，鵲聲傳喜，鴻雁之聲主遠信，雞鳧之聲為佳音。此類推聲音之應也。

復明五色之應

五色不論卦象，但以所見之色推五行。青碧綠色屬木，紅紫赤色屬火，白屬金，黑屬水，黃屬土。外應之五行，詳於內卦。體用生剋比和，吉凶可見[1]。此五色之應也。

復明寫字之應

淡中濃墨名為淬，濃墨中間薄似雲。點畫悞書名鬼筆，定知賊在暗中纏。涕為流淚防喪服，定主憂驚夢裏眠。鬼筆悞書防竊盜，定知方位與通傳。此寫字之應驗也。

遺論

萬物卦數，本由於易。今觀此書，止用五行生剋之理。十應三要之訣，例不同易，何也？蓋未有易書，先有易理。易書作於四聖之後，易理著於四聖之先。

1 「外應之五行，詳於內卦。體用生剋比和，吉凶可見」或作「外應之五行，詳於內卦之體用，生剋比和，吉凶可見。」

人心皆有易理，則於易也，占卜無非用卦，卦即易也。若得易卦爻，觀其爻辭，以斷吉凶悔吝，更為妙也，未嘗不用易。又觀寓物卦數起例之篇，止用內卦，不用外卦，何也？蓋泛泛人起卦之訣，十應為傳授之訣。若觀梅卦例曰「今日觀梅得革，知女折花，有傷股」，明日觀梅得革，亦謂女子折花，可乎？占牡丹例曰「今日算牡丹為馬踐毀」，異日算牡丹亦為馬所踐，可乎？是必明其理。又於地風升卦，無飲食之兆，而知有人相請。此要外應訣之。

體用

凡占卜成卦，即畫成三重：本卦、互卦、變卦也。使於本卦分體用，此一體一用也。以卦五行明生剋比和之理，此一用卦最切。看互卦變卦，互變亦用也。此內之體用也。又次看應卦，亦用也。此合內外之體用也。然則不止一體一用，所謂體一用百也。生剋即分體用，則論生剋，生體則吉，剋體則凶，比和則吉，不必論矣。生體多者則愈吉，剋體多者則愈凶。然此卦生體，諸卦有剋此卦者，頗減其吉。此卦剋體，諸卦又有剋此卦者，稍解其凶。有生此卦者吉，有剋此卦者凶。此體用之生剋也。

然卦之生剋，有不論體用者。如占天時，有震則有雷，有巽則有風，逢坎則有雨，逢離則晴。此一定之理。又有不然者，如論卦中乾兌多，則震無雷，巽亦無風，又必有此訣也，皆隱然外卦之意。如觀梅有女折花，算牡丹有馬踐，地風升有飲食兆。此又非外應之兆，不能決也。

體用論

心易寓物之用，以體為主。然人知一體一用之常，不知一體百用之變。並體之變，全卦為內卦，內亦不止一用，而互變皆用也。三要十應之卦，外卦也，外亦不一，無非用也。學寓物者，得體用以為至術，十應則罕有之，後則三要以為全術。且謂體用自體用，三要自三要，遂以體用決吉凶，以三要為吉凶之兆。孰知三要十應，體用之致。嗚乎！體用不可無三要，十應不可無體用。體用、三要、十應，理無間然也。如此者，是謂心易之全術，而可以盡占卜之道也。又如乾兌多則巽無風，坤艮多則坎無雨，坎多則離亦不晴。蓋以乾兌之金剋震巽之木，坤艮之土剋坎水，坎水剋離火也。此又須通變而推驗之。又若占飲食，有坎則有酒，有兌則有食。如遇坤艮，則坎亦無酒，離值則兌亦無食。餘皆可以類推。故舉此二類，為心易生剋之例耳。

衰旺論

既明生剋，當看衰旺。旺者，如春震巽木，夏離火，秋乾兌金，冬坎水，四季之月坤艮土是也。衰者，如春坤艮，夏乾兌，秋震巽，冬離，四季之月坎是也。凡占卜，體卦宜盛旺，氣旺而又逢生則吉，重遇剋則凶。若體衰而逢剋，則其凶甚矣。體衰而有生體之卦，則衰稍解。大抵本體之卦宜旺，生體之卦氣亦宜旺。剋體之卦氣宜衰。此心易論衰旺之訣也。

內外論

凡占卜，體用為內，諸應卦為外卦，此占卜之例也。諸應卦與三要之應，與十應之應，必合內外卦而斷之也。苟不知合內外卦為斷，謂體用自體用，三要十應自三要十應，如此則鮮見其有驗者。然十應罕有知者，如前〈奧論〉云：金銀為世寶，三要為吉者，若震巽為體，則金剋木，反為不吉。兵刃為世凶，三要為凶者，若坎為體，則金生水，反為不凶。占產見男子，謂有生子兆，設坎為體，少男為艮土，土剋水，產反不吉。占病見棺必死，若遇離體，則木生火而反吉。似此之類，則內卦不可無外卦，外卦不可無內卦。占卜之精者，無非合內外之道也。

動靜

凡占決，雖明動靜之機，然有理之常，有事之變。陽動而陰靜，一動一靜者，理之發。此靜而彼動，一靜百動者，事之變也。天下之事物，紛紛群動。我則以一靜而待之。事物之動，各有其端，我則以一靜而測之。不動不占，不因事不占。占卜之際，察其群物之事，物動而凶者，兆吾卦之凶。物動而吉者，兆吾卦之吉。

然於閙喧市塵之地，人物雜擾，群物滿前，拈何事何物為吉？吾占卜之應乎？此又推乎理而合其事。蓋於群動之中，或觀其身臨吾耳目之近者，或以先見者，或以群事分明者，或吾之一念所在者，此發占之所用。

若求名，則於群動之中，或遇官府，或有文書及袍笏儀衛之物，則為得官之應。

若求財利，則遇巨商富賈，或有錢寶貨財之物，則厥為獲利之應。

若占訟事，而忽逢笞杖枷鎖之具，則訟終不吉。

占病而不見衰麻棺槨之物者，病當無恙。

凡此，所謂事事相關，物物相應，是以驗吾占卦之切要也。

至若坐則應遲，行則應速，走則愈速，臥則愈遲，此則察其動之端也。吾心本靜，人來占卜，起念以應之，即動也。以此動而測彼動，於此之念而求彼之驗，誠而神知之。知此者，可以知動靜之機矣。

向背

凡占卜求應，必須審其向背。向者，為事物之應相向而來。背者，謂事物之應相背而去也。如鴉報災，鴉飛適來，其災將至。鴉飛而去，則災已過去也。如鵲報喜，鵲飛適來，其喜將至。鵲飛已去，則喜已過去也。至於外應之卦皆然。其剋體之卦，器物方來，其禍將至，去則禍散。其生體之卦，器物方來則吉，去則吉已過矣。其他應兆皆然。此為占卦向背至當之理也。

靜占

凡應占在靜室，無所聞見，則無外卦，即不論外卦。但以全卦年月日值五行衰旺之氣，以體用決之。

觀物洞玄歌

洞玄歌者，洞達玄妙之說也。此歌多為占宅氣而發。昔牛思晦嘗入人家，知其吉凶先兆，蓋此術云。是故家之興衰，必有禎祥妖孽之識，識者鑒之，不識者昧之。故此歌發其蘊奧，皆理之必然者，切勿以淺近目之也。

世間萬事無非數，理在其中遇。吉凶悔吝有其機，禍福可先知。
五行金木水火土，生剋先為主。青黃赤黑白五形，辨察要分明。
人家吉凶何堪見？只向玄中判。入門辨察見聞時，於此察與衰。
若還宅氣如春意，家室生和氣。若然冷落似秋時，從此漸衰微。
自然馨香如蘭室，福至無虛日。雞豚貓犬穢薰腥，貧病至相侵。
男妝女飾皆齊整，此去門風盛。家人垢面與蓬頭，定見有悲憂。
鬼啼婦歎情懷悄，禍害於陰小。老人無故泣雙垂，不日見愁悲。
門前若見牆壁缺，家道中消歇。溜漕水勢向門流，財帛永難收。
忽然屋上生奇草，益蔭人家好。門戶幽爽絕塵埃，必定出高才。
偶懸破履當門戶，必有奴欺主。長長破碎左邊門，斷不利家君。
遮門臨井桃花豔，內有風情染。屋前屋後有高桐，離別主人翁。

井邊倘種高梨樹，長有離鄉土。祠堂神主忽焚香，火厄恐相招。
簷前瓦片當門墮，諸事愁崩破。若抛破碗廁坑中，從此見貧窮。
白晝不宜燈在地，死者還相繼。公然鼠向日中來，不日耗資財。
牝雞司晨鳴咿喔，陰盛家消索。中堂犬吠立而啼，人眷有災厄。
清晨鵲噪連聲繼，遠行人將至。蟒蛇偶爾入人家，人病見妖邪。
雀群爭逐當門盛，口舌紛紛定。偶然鵩鳥[1]叫當門，人口有災連。
入門若見有群羊，家主病瘟黃。舟船若安在平地，雖穩成淹滯。
他家樹陰過牆來，多得橫來財。階前石砌多殘折，成事多衰滅。
入門茶果應聲來，中饋主家財。三餐時候炊煙早，勤儉漸基好。
連宵宿火不成時，人散與財離。千門萬戶難詳備，理在吾心地。
斯文引路發先天，深奧入玄玄。

右《洞玄歌》，與《靈應》同出而小異。彼篇多為占卜而訣，蓋占卜之際，隨所出所見，以為剋應之兆。此歌則不特為占卜之事，一時而入人家，有此事，

[1] 鵩鳥：即鴟鴞也。

必有此理。蓋多寓觀察之術也。然有數端，人家可得警戒而趨避之，或可轉禍為福。偶不知所因而宥於數中，俾吾見之，則善惡不逃乎明鑒矣。

起卦加數例

寅年十二月初一日午時，有數家起造，俱在鄰市之間。有三家以此年月日時求占於先生，若同一卦，則吉凶莫辨矣。先生以各姓而加數，遂斷之而皆驗。蓋三家求占，有田姓者，有王姓者，有韓姓者。若寅年三數、十二與一，共十六，加王姓四畫，得二十數，除二八一十六，得四，震為上卦；又加午時七數，總二十七數，除三八二十四，得三，離為下卦。二十七中去四六二十四，零三為爻，得豐變震，互見兌巽。其田姓加以田字六畫，得水風井，變升，互見離兌；其韓姓加入二十一畫之數，得益變中孚，互見艮坤。乃以各家之姓起數，隨各家之卦斷之也。不特起屋之年月日時加姓也，凡冠婚及葬事皆須加姓，然冠葬皆加一姓可矣。若婚姻則男女大事，必加二姓可也。極北之人無姓，亦必有名，不辨其字，則數聲音。又無名，則隨所寓也。

屋宅之占訣

寅年十二月初一日午時起屋者，其家田姓，其占水風井，變地風升，互見離兌，巽木為體，用卦坎水生之，雖兌金剋木，得有離火，火雖無氣，終是制金。然有兌金，酉年月日，亦當有損失之憂。亥子水年月日，當有進益，或得水邊之財，坎生體巽也。寅卯年當大快意，比和之氣也。但家中必多口舌之聒，亦為兌也。木體近春。喜逢坎水，此居必能發旺。二十九年後，此屋當毀。蓋二十九年者，全卦之成數也[1]。若非有兌在中，雖再見二十九年，屋當無恙也。

同時王姓之家起造，得雷火豐，變震，互見兌巽。震木為體，離為用卦。兌為體之互，剋體亦切。雖得離火制兌金，亦不純美。用火泄體之氣，破耗資財。每遇火年月日，主見此事，或因婦人而有損失。家中亦多女子是非。亥子寅卯之年月，卻主進益田財。蓋震木為體，雖不見坎，終是利水年，生體之氣不見[2]，震巽亦逢寅卯，為體卦得局之時也。凡有震有巽，寅卯與木之氣運年月，此居必

---

1 原文作「全卦六卦之成數也」，文義不通，「六卦」兩字為衍文。

2 「生體之氣不見，震巽亦逢寅卯」意思為該卦中找不到生體之卦，而卦中與體卦比和的震巽兩卦，起卦時適逢寅年卦氣旺。通行本皆讀作「生體之氣，不見震巽，亦逢寅卯」，文義與卦象不符。

大得意。亦主得長子之力，變重震也。二十二年後為火所焚。

韓姓之居，得益變中孚。巽體，互見艮坤，變兑剋體。此居必有官訟，見於酉年月。後申酉年連見病患，所喜用卦，其震與巽體比和，當見寅卯年月吉。後申酉年凶。三十一年之後，遇申酉年，此居當毀。若非有兑，或有一坎，再見三十一年，此居亦無恙也。

器物占

大抵占器物，並不喜見兑卦，蓋兑為毀折也。若坎為體，則見兑無傷。乾卦為體亦無害。其餘卦體，逢兑不久即破。木之器物，或震巽為體，見兑為用，必不禁耐用矣。破器之日，必申酉與卜年月日也。

又畜養之物，亦不宜乾兑剋體。種植之物，乾兑剋體必不成，即成，亦被斧斤之厄。種植之物，宜見坎也。

又凡見器物，欲知其成毀，亦看卦體，無剋者則久長。體逢剋者則不久，視其器物之氣數，可久者，以全卦之年數斷之；不可久者，以月數斷之；至速者，以日數斷之也。

卷三：斷占總訣篇

八卦方位之圖[1]

1 現行八卦圖的畫法絕大多數都是卦象由內往外看，也就是初爻在內，上爻在外。世傳《梅花易》所附的這個圖卦象是由外往內看，即初爻在外，上爻在內。此圖依上海廣益書局《新刻先天後天梅花觀梅拆字數全集》重新繪製。

觀梅數訣序

嗟乎，易豈易言哉！蓋易之為書，至精微，至玄妙。然數者，不外乎易理也。有先天後天之殊，有叶音取音之辨，明憂虞得失之機，取互變遲速之應。數有前定，禍福難測。易理灼然可察，予求得《先天》、《玄黃》、《靈應》諸篇，外採易辭，曰「觀梅數訣」。列圖明五行生剋衰旺之理，分例指避凶趨吉之道。後學君子幸鑒焉。

易辭曰：「易有太極，是生兩儀，兩儀生四象，四象生八卦，八卦生萬物。」邵子曰：「一分為二，二分為四，四分為八也。」《說卦傳》曰：「易逆數也。」邵子曰：「乾一、兌二、離三、震四、巽五、坎六、艮七、坤八。」自乾至坤，皆得未生之卦，若逆推四時之比也。後天六十四卦倣此。

八卦定陰陽次序

☰乾為父，☳震長男，☵坎中男，☶艮少男。

☷坤為母，☴巽長女，☲離中女，☱兌少女。

變卦式八則

【澤火革變澤山咸卦】䷰→䷞

火金　〔體〕金　〔互〕巽木　〔變〕艮土

離卦初爻陽動變陰，變艮卦。兌金為少女，離火剋之。巽為股，乾金剋之，曰傷股。得艮土生入兌金，斷曰：不至於死。

〇相生極美，比和次之。

體用於變爻，作動靜取之。動者為用，靜者為體。

又此是離四卦，又此是乾九卦，此是坎三卦。

此是巽七卦，此是坎八卦，此是兌二卦。

此是震五卦，此是艮二卦，此是巽六卦。

【地雷復卦變地澤臨】䷗→䷒

〔體〕土　〔用〕木　〔變〕金

〔互〕土　〔互〕土

木是用爻，斷出軟物，文章之體也。將出是羅經。

【天澤履卦變乾卦】䷉→䷀

〔體〕金　〔用〕金　〔變〕金

〔互〕木火

此卦斷出，果是鐵器之物將出，是剃刀也。

【澤火革卦變噬嗑卦】[1]䷰→䷔

〔用〕金　〔體〕火

火金[2]〔互〕　木

此卦乃用爻木體火，夏火得旺，能出土，必是土物也。

【歸妹卦變火澤睽卦】䷵→䷥

〔用〕木　〔體〕金

土水[3]〔互〕　〔變〕火

---

1 此卦可能是澤火革變雷火豐之誤。

2 「火金」可能是「木金」之誤，該卦互體為巽木和乾金。

3 「土水」可能是「火水」之誤，該卦互體為坎離。

用爻屬木變火，體卦屬金。四爻變卦成艮[1]土能生金，斷出是鐵。

【澤天夬卦變兌卦】䷪→䷹

體金　用金

金（互）　金

此卦非金是石，斷是破磁碟也。

【澤火革卦變咸卦】䷰→䷞

（用）火　（體）金

金　（互）　木

本卦得澤火革，為少女，近物為口，遠取羊。內離為中女，近目遠取雉。

初爻變艮卦為土，土能生金，則扶起兌金之妹。次除去初爻，移上四爻，又成巽

1 這裡為何會有「四爻變卦成艮」非常奇怪，卦中並無此象。梅花易和周易也都沒有任意選一爻亂變來取象的卦例。且四爻變之後卦應該成坤，不是艮。

木[1]，佐得傷股之災。得初爻變艮土生兌金，是故有救而不至於死也。

近取諸身八卦：

乾頭、坤腹、震足、巽股、坎耳、離目、兌口、艮手。人身。

遠取諸物：

乾馬、坤牛、震龍、巽雞、坎豕、離雉、艮狗、兌羊。畜道。

【天水訟卦變兌卦】䷅→䷹

〔體〕金　〔用〕金　〔入〕金

金木　〔互〕　火

天水訟卦變兌，欲要求財。蓋卦是體生，而乃泄己之氣，其財空望。次得離卦屬火，能剋金。其日午時，客來食酒去，返自消耗也。[2]

---

1 「除去初爻，移上四爻，又成巽木」，不知所云，猜測可能是指互體。後文所言傷股之災，可從本卦互體中占得，但何必除初爻移上四爻才得巽。此卦式傳本多誤作革之艮。

2 此卦有誤，不知所云。正確的卦象有兩種可能。一、可能是履卦上爻變成兌，那麼就完全符合體金用金入金（變卦為金）的條件。互卦有巽木和離火亦符合卦象。但卻不符合「乃泄己之氣」的卦象，體卦為金，那麼他卦當有水。第二種可能是訟卦初爻變成履，雖符合「乃泄己之氣」的卦象，但卻與體金用金的卦象條件不符。比較兩者，比較可能的是訟之履。

占卦訣

又如占卦而問吉事，則看卦中有生體之卦，則吉事應之必速。便看生體之卦，於八卦時序類決其日時。如生體是用卦，則事即成。生體是互卦，則漸漸成。生體是變卦，則稍遲耳。若有生體之卦，又有剋體之卦，則事有阻節。好中不足，便看剋體卦氣阻於幾日。若乾剋體，阻一日。兌剋體，阻二日之類推之。如占吉事，無生體之卦，有剋體之卦，則事不諧矣。無剋體之卦。則吉事必可成就矣。

又如占不吉之事，卦中有生體之卦，則有救無害；如無生體之卦，事必不吉矣。若以日期而論，看卦中有生體之卦，則事應於生體卦氣之日；有剋體之卦，則事敗於剋體卦氣之日。要在活法取用也。

體用互變之訣

大凡占卜，以體為其主，互用變皆為應卦，用最緊，互次之，變卦又次之。故曰用為占之即應，互為中間之應，變為事占之終應。然互卦則分其有體之互，有用之互。如體在上，則上互為卦體之互，下互為用之互。體卦在下，則下互為體之互，上互為用之互。體互最緊，用互次之。

例如觀梅恒卦[1]，互兑乾，兑為體互，見女子折花。若乾為體互，則老人折花矣。蓋兑乾皆剋體，但取兑而不取乾，此體互用之分。

大凡占卦，變卦剋體，事於末後必有不吉。變生體及比和，則事事臨終有吉利。此用互變之訣也。

體用生剋之訣

占卦即以卦分體、用、互、變，即以五行之理斷其吉凶。然生剋之理，於內卦，體用互變，一定之生剋。若外卦，則須明其真生真剋之五行，以分輕重，則禍福立應。何也？

假如乾兑之金為體，見火則剋，然有真火之體，有火之形色。真火能剋金，形色則不能剋。能剋則不吉，不能剋則不順而已。蓋見爐中火，窯灶之火，真火也。烈焰巨灶，真火也。乾兑為體，遇之不吉。若色之紅紫，形之中虛，槁木之離，日灶之火[2]，則火之形色，非真火之體，乾兑之體，不為深忌。又若一盞之

[1] 觀梅占應當是得革卦，非恒卦，不知此處為何以恒卦來分析。

[2] 「日灶」疑是「日照」。

燈，一炬之燭，雖曰真火，微細而輕，小不利耳。

又若震巽之木體，遇金則剋，然釵釧之金，金鉑之金，成錠之銀，杯盤之銀，與器之錫，瑣屑之銅鐵，皆金也。此等之金，豈能剋木？木之所忌者，快刀銳刃，巨斧大鋸。震巽之體值之，始有不吉。

又若離火為體，見真水能剋。然但見色之黑者，見體之濕者，與夫血之類，皆坎之屬，終忌而不深害也。

餘卦為體所值外應，剋者皆以輕重斷之。若夫生體之卦，亦當分辨。土與瓦器皆坤土，金遇之，土能生金，瓦不能生也。樹木柴薪，皆木也。離火值之，柴薪生火之捷，樹木之未伐者，生火之遲也。木為體，真水生木之福重，如豕如血，雖坎之屬，生木之類輕也。其餘五行生剋，並以類而推之。

體用衰旺之訣

凡體卦宜乘旺，剋體之卦宜衰。蓋體卦之氣，如春木、夏火、秋金、冬水、四季之月土，此得令之卦，乘旺之氣，雖有他卦剋之，亦無大害。用互變卦，乘旺皆吉，但不要剋體之卦氣旺。而體之卦氣衰是不吉之占。占者有此，若問病必死，問訟必敗。若非問訟與病而常占，則防有官病之事。未臨其期，在於剋體卦氣之月日也。若卦體旺而復有生體之卦，吉事之來，可刻期而至矣。若內卦外卦有生體者衆，體卦雖衰，亦無大害也。內外並無生體，雖體之卦黨多，皆是衰卦，終不吉也。故體用之卦，必須詳其盛衰也。

體用動靜之訣

占卦體用互變既分，必以內外之卦察其動不動。不動不占，亦不斷。其吉凶悔吝，生乎動也。夫體卦為靜，互卦為靜，用卦變卦則動也，此內卦之動靜也。以外卦言之，方應之卦，天時地理之卦應皆靜，若人事之應，器物之類，則有動者矣。器物本靜，人持其器物而來，則動矣。若乾馬、坤牛，皆動者矣。蓋水之井沼，土之山岩石，皆靜者矣。人汲水擔水而前，水之動也。又人持石負土而前，土之動也。於外卦之應，觀其動靜而審其吉凶，動而吉者，應吉之速；動而凶者，應凶之速；不動而應者，吉凶之未見也。此則外卦體用之動靜也。

若夫起卦之動靜，亦以我之中靜而觀其動者而占之。如雀之爭墜，如牛雞之哀鳴，如枯木之墜，皆物之動者，我以靜而占之也。

又若我坐，則事應之遲；我行而事應之速；我立則半遲半速，此皆動靜之理也。

占卦坐端之訣

坐端者，以我之所坐為中，八位列于八方，占卦決斷之。須虛心待應，坐而端之，察其八卦八方應兆，以為占卜事端之應。隨其方卦有生剋之應者，以定所占之家吉凶也。

如乾上有土生之，或乾宮有諸吉兆，則尊長老人分上，見吉慶之事。若乾上有火剋之，或有凶兆，則主長上老人有憂。

坤上有火生之，或坤上有吉兆，則主母親分上或主陰人有吉利之喜。坤宮見剋，或有凶兆，則主老母陰人有災厄。

震宮有水生之，及東方震宮有吉兆，則喜在長子長孫。見剋而或見凶，則長子長孫不利。

坎宮宜見五金及有吉利之讖，則喜在中男之位。若土剋或見凶，則憂在中男矣。

離宮喜木生之，或有可喜之應，則中女有喜。若遇剋或見凶，則中女有厄矣。

艮為少男之位，宜火生之，見吉則少男之喜。若遇剋或見凶，則災及少男。問產必不育矣。

兑為少女，土宜生之，見吉則少女有喜，或有歡悅之事。

若問病，如乾卦受剋，病在頭。坤宮見剋，病在腹，推之震足、巽股、離目、坎耳及血、艮手指、兑口齒，於其剋者定見其病。

至於八端之中，有奇占巧卜者，則在乎人。此引其端為之例也。

占卜剋應之訣

剋應者，所謂剋期應驗也。占卜之道，無此訣，則吉凶成敗之事不知應於何時。故剋應為卦之切要也。然剋則最難，有以數而剋之者，有以理而剋之者，皆要論也。

以數而刻期，必詳其理，如算屋宅之初創，男女之始婚，墳墓之方葬，器物之新置，俱以年月日時加事物之數而起卦。卦成，則欲體用互變之中，視全卦之數，以為約定之期，如審其事端之遲速而刻之。

如屋宅墳墓，永久者也。屋宅則以全卦之數剋其期，如屋宅之終應，蓋屋宅有朽壞之期也。墳墓亦有時壞，然占墓但占吉凶，不計成敗也。男女之婚，遠亦不過數年。年內之事，全卦之數可決，又不如屋宅之久也。然婚姻亦不過卜其吉凶，不必刻其期也。若吉凶之期，但以生體及比和之年月為吉期，剋體之年月為不吉之期也。

器物之占，則金石之質終遠，草木之質終不久也。遠者以全卦之數為年期，近者以全卦之數為月期，又近者以全卦為日期也。如置硯，則全卦之數為歲計，筆墨亦可以全卦為歲計乎？筆墨之小者，以日計之可也。此器物刻期之占也。如先天觀梅與牡丹二花，俱旦夕之事，故以卦理推，則不必決其遠日也。

如後天老人、少年、雞牛之占，以方卦物卦之數合而計之。老少、雞牛之占，亦只可以日計也。若永遠之占，則以日為月，以月為年矣。占者詳吉，必又尋常之占事刻期，則於全卦中細觀生體之卦為吉應決期，剋體之卦為凶應之期，遠則以年，近則以月，又近則以日也。

如問求名，則乾為體，看卦中有坤艮，則斷其辰、戌、丑、未之土月日。蓋乾兑，金體也。此為吉事生體之應。

若問病，而乾卦為體，則看卦中有離，又看卦中無坤艮，及有凶犯，則斷其死於巳午火日，此剋體為凶事之期也。

又若問行人，以生體之日為歸期，無生體比和之日，則歸必遲。若此例者，具難盡載，學者審焉。

萬物賦

人稟陰陽，卦分先後。
達時務者，近取諸身，遠取諸物。
觀物理者，靜則乎地，動則乎天。
原夫
萬物有數，易數無窮。
動靜可知，不出於玄天之外。吉凶必見，莫逃乎爻象之中。
未成卦以前，必虛心而求應；既成卦以後，觀刻應以為斷。
聲音言語，傍人識兆。當遇形影往來，我心指實皆是。
及其六爻已定，三天既生，始尋卦象之端，終測刻應之理。
是以
逢吉兆而終知有喜，見凶讖而不免乎凶。
故欲知他人家之事，必須憑我耳目之聞見。
未成卦而聞見之，乃已生之事。既定卦而觀察之，乃未來之機。

或聞何處喧鬧，主有鬥爭；或聽此間笑語，必逢吉慶。
兒婦啼嘆，其家陰小有災；東至軍來，必有官司詞訟。
或逢枷鎖，而枷鎖臨身；倘遇鞭杖，而鞭杖必至。
若屠而負肉，此為骨肉有災；倘逢血光，而又恐災於茲畜。
師巫藥餌，病患臨門。見飯則有犯家先，逢酒則欠神願。
陰人至則女子有厄，陽人至則男子當災。
又須詳乎八卦[1]，不可一例而論。
卦吉而爻象又吉，禍患終無；卦凶而讖兆又凶，災殃難免。
披麻帶孝，必然孝服臨頭；持杖而號，定主號泣滿室。
其人憂終是為憂，其人喜還須有喜。
故當觀色察形，以為決意斷心。
其或鼓樂聲喧，又見酒杯器皿。若不迎婚嫁娶，定須會客宴酣。
欲知應在何日，須觀爻象值數。巽五日而坤八日，離三朝而坎六朝。

1 或作「又須八卦中公」。

又觀遠近剋應，以斷的實之相期。應遠則全卦相同，應近而各時同斷。
假如天地否卦，上天一而下地八；設若澤火革卦，上兑二而下離三。
依此推之，萬無一失。此人物之兆，察之可推也。

及其鳥獸之應，仍驗之有準。鵲噪而喜色已動，鴉鳴而禍事將來。
牛羊豬犬，日晨不見。金日遇之，六畜有損。木日見豬，養豬必成。
庚日見雞鳴，丁日見羊過，此乃凶刃之殺。
己日值馬來，壬日有豬過，此皆食祿之兆。
見吉兆而百事亨通，逢凶讖而諸事阻滯。

或若求財問利，須憑剋應以言。櫃箱為藏財之用，繩索為穿錢之物。
逢金帛寶貨之類，理必有成。遇刀刃劍具之器，損而無益。
又看元卦，不可執一。逢財而有財，無財而無益。
凡物成器，方係得全，缺損破碎，有之不足。

或問婚姻，理亦相似。物團圓，指日而成；物破損，中逢阻折。

此又是，一家閫奧。斯理明，萬事昭然。
逢柴炭主憂，折麥主悲。米必奇，豆必傷。
禾與鞋，萬事和諧；棋與葯[1]，與人期約。
斧鋸必有修造，糧儲必有遠行。
聞禽鳴，謀事虛說。聽鼓聲，交易空虛。
拭目瞤睫，內有哭泣之事；持刃見血，外有蟲毒之謀。

剋應既明，飲食同斷。
見水為飲食酒湯，遇火為煎炮熇炙。
見米為一飯之得，提壺為酌杯之禮。
水乃魚蝦水中物味，土乃牛羊土內菜蔬。
姜麵為辛味辣羹，刀砧乃薰腥美味。

此三天之剋應，萬物之樞機。能達此者，尚其秘之。

1 原文作「藥」，「藥」通「葯」。棋與藥取其諧音與形近之字即「期約」。

飲食篇

夫乾之為象也，圓堅而味辛，取象乎卵，為牲之首，為馬為豬。秋得之而食祿盛，夏得之而食祿衰。春為時新之物，果蔬菜之屬；冬為冷物，隔宿之食。有坎乃江湖海味，有木[1]而蔬果珍羞。

艮為土物同烹，離乃火邊煎炙。秋為蟹，春為馬。凡內必多肉，其味必辛。盛有瓦器，伴有金樽。其於菜也為芹，其於物也帶羽。剋出生回，食必鵝鴨。生出剋入，野菜無名。[2]

坤其於物也，遠客至，故人來，所用必瓦器，所食米果土味。靜則梨棗茄芋，動則魚鮓鮮羊。無骨肉脯，殺亦為醃藏，亦為肚腸。遇客必婦人，剋此必主口舌。剋出生回，乃牲之味；剋入生物，乃襍物之烹。見乾兌，細切薄披；見震

1 「有木」通行本作「有水」，但前句為「有坎」，坎為水，文義重疊而不通。「蔬果珍羞」比較像是震巽木之象，因此「有水」應該是「有木」之誤。

2 通行本此段似乎作為「艮」卦之飲食占斷。此段應該屬於乾卦之下，這兩句講的分別是乾卦遇艮與乾卦遇離的占斷。而後文的馬、辛味等象，也都屬於乾象。此篇和下篇〈觀物玄妙歌訣〉都缺少艮卦。

巽而新生舊煮。其色黑黃，其味甘甜。水火並之，蒸炊而已。四時皆為米麥之味，必帶麻薑。仔細推詳，必有驗也。

巽之為卦，主文書柬約之間，講論之際，外客婚姻，故人舊交。或主遠信近期，其色白青，其性曲直，其味酸，其象長。桃李木瓜，齋辣素食，為魚為雞，其豆其麵，非濟摯而得之，必鋤掘而得之。有乾兑，食之而致病；有坤，得之非難。坎為炒菜蔬，離為炒茶，帶坎於中，酒湯共食。其無生，半齋半葷。其在艮也，會鄰里有貴人。食物不多，適口而已。其橘油菜果蔬，斫伐之山林帶節，虎狗兔鹿，漁捕網羅，米麻麵麥。剋入雜食，剋出羊肉。剋入口舌是非陰災，極不可食。其味甘甜，其色玄黃。

坎為水象也，主近信至海內，味香有細鱗，或四足。凡曰水族，必可飲食也。或聞簫鼓之聲，或在禮樂之所，其色黑，其味鹹。剋出飲酒，生回食魚。為豕為目，為耳為血。羹湯物味，酒食水醬。遇離而說文書，逢乾而為海味。

震之為卦，木屬也。酒友疎狂，虛輕怪異。大樹之果，園林之蔬，其色青而味酸，其數多，會客少。或有羶臭之氣，或有異香之肴。同離多主鹽茶，見坎或為鹽醋。

離則文書交易，親戚師儒，坐中多禮貌之人，筵上總英才之士。其物乃煎煿炙燒，其間或茶鹽。白日之夕，繼之以燭。春夏之際，凡物帶花，老人莫食。心事不寧，少者宜之。宜講論，即有益。為雞為雉，為蟹為蛇，色赤味苦，性熱而氣香。逢坎而酒請有爭，逢巽則炒菜而已。

兌之為卦，其屬白金，其味辛而色白。或遠客暴至，或近交爭。凡動物刀砧，凡味必有辛辣，凡包裹醃藏。其於果也，為萑為菱；其於菜也，為蔥為韭。盛而有腥臭，旺而有羊鵝。坐間有僭越之人，或有歌唱之女。單則必然口舌，重則必然歡喜。生出多食，剋出好事。

夫算其飲食，必須察其動靜。故動則有，靜則無。以體卦下卦為己卦，上為人卦。下為變為客，互之上為酒，下為食物。取象體之下為食何物，變為剋體，主食之不終，生體主吉。互剋體之不得食。他人剋應亦難食。他人生，何人請，己生體生，下己請人。互受生後，不計杯杓。上體受生，客不計數。變生互，客有後至者；互生剋，有先去者。取其日時，以互卦用矣。

觀物玄妙歌訣

觀物戲驗者，雖云無益於世，學者以此驗數，而知聖人作易之靈耳。物之於世，必有數焉。故天圓地方，物之形也；天玄地黃，物之色也；天動地靜，物之性也；天上地下，物之位也；乾剛坤柔，物之體也。

故乾之為卦，剛而圓，貴而堅，為金為玉，為赤為圓，為大為首，為上之果物。見兑為毀折，逢坎而沉溺，見離為煅煉之金，震為有動之物，巽為木果為圓，坤艮土中之石，得火而成器。兑為劍鋒之銳，秋得而價高，夏得之而衰矣。

坤之為卦，其形直而方，其色黑而黃。為文為布，為輿為釜。其物象牛，其性惡動。得乾乃可圓可方，可貴可賤。震巽為長器，離為文章，兑為土中出之金，艮為帶剛之土石也。

震之為卦，其色玄黃而多青，為木為聲，為竹為萑葦，為蕃鮮及生形。上柔下剛，是性震動而可驚。得乾乃為聲價之物，得兑為無用之木，見艮山林間之石，見坎有氣之類，巽為有枝葉，見離為帶花。

巽之為卦，其色白，其氣香。為草木，為剛為柔。見離為文書，見兑乾為不用，乃遇金刀之物。坤艮為草木之類，坎兑為可食之物。為長為直，並震而春生夏長，草木之果蔬。

坎之為卦，其色黑，亦可圓可方。物為柔為腐，內則剛物。得之卑濕之所，多為水中之物。見乾亦圓，見兑亦毀。又乃污濕，得震巽而可食；離水火既濟，假水而出，假火而成。又為滯於物，兑為帶口也。震巽為帶枝葉，為帶花也。

離之為卦也，其色黃而青，體燥，其性則上剛下柔。為山石之物，十瓦之類，小石於大山，為門途之處。為物見乾而剛，兌而毀折，坤而土塊，巽為草之物，而震為木物類也。坎並為河岸之物，離並為瓦器，震巽並見籬壁之物。[1]兌之為卦，其色白，其性少柔而多剛。為毀折而不全，帶口而圓。見乾先圓後缺，見艮則金石廢器，見震巽為剝削之物，見坎為水之類。得乾而多剛，得坤而多柔，長於西澤之內。於水中之類，得柔而成器也。

諸事響應歌

混沌開闢立人極，吉凶響應尤難避。
先賢遺下預知因，皇極觀梅出周易。
玄微浩瀚總無涯，各述繁言人莫記。
大抵體宜用卦生，旺相謀為終有益。
比和為吉剋為凶，生用亦為凶兆矣。

1 此歌訣少了艮卦，而離卦一段像是離與艮兩卦的錯簡殘編，但以艮卦為主體。離卦這一段除了「體燥」屬離火之象外，其餘卦象多是艮象。

問雨天晴無坎兌，亢旱言之終則是。
天時連雨問晴明，艮離賁卦響應耳。
乾明坤晦巽多風，震主雷霆定莫疑。
凡占人事體剋用，諸事亨通須有幸。
比和為妙剋為凶，又看其中何卦證。
乾主公門是老人，坤遇陰人曰土應。
震為東方或山林，巽亦山林蔬果品。
坎為北方並水姓，酒貨魚鹽才取定。
離言文書爐冶利，亦曰南方顏色雜。
艮為東北山林才，兌曰西方喜悅是。
生體剋體亦同方，編記以為諸事應。
凡問家宅體為主，旺相須知進田土。
生用須云耗散財，比和家世安居處。
剋體為凶決斷之，生產以體為其母。
兩宜生旺不宜衰，奇偶之中察男女。
乾卦為陽坤為陰，又有來人爻內取。

陰多生女陽生男，此數分明具易理。
婚姻生用必難成，比和剋用大吉利。
若問飲食用生體，必知肴饌豐厚喜。
生用剋體飲食難，剋用必無比和美。
坎兑為酒震為魚，八卦推求衰旺取。
求謀稱意是比和，剋用謀為遲可已。
求名剋用名可求，生體比和俱可取。
求財剋用曰有財，生體比和俱稱意。
交易生體及比和，有利必成無後慮。
出行剋用用生體，所至其方多得意。
坎則乘舟離旱途，乾震動則坤艮止。
行人剋用必來遲，生體比和人即至。
咸遠恒遲升不回，艮阻坎險君須記。
若去謁人體剋用，比和生體主相見。
兑主外見訟不親，乾利大人長者是。
來問失物體剋用，速可追尋依卦斷。

相生比和終可尋，兌臨缺處並井畔。
離為冶爐及南方，坤主方器憑推看。
疾病最喜體旺相，剋用易安藥有效。
比和凶則有救星，體卦受剋為凶兆。
離宜服熱坎服冷，坤土卦溫補料亨。
亦把鬼神卦象推，震主妖怪為狀貌。
巽為自縊并鎖枷，坤艮落水及血衄。
凡占公訟用宜剋，體卦旺相終得理。
比和助解最為奇，非止全仗他人力。
若問墓穴在何地，坤則平陽巽林裏。
乾宜高葬艮臨山，離近人煙兌興廢。
比和生體宜葬之，剋用尤為大吉利。
若人臨問聽旁言，笑語雞鳴亦吉美。
美物是為祥瑞推，略舉片言通萬類。

諸卦反對性情

乾剛坤柔反其義，比卦歡欣困憂慮。
臨逢百物觀求之，蒙卦難明屯不失。
大畜其卦福之生，無妄若遇禍之始。
升者去而不復回，萃者聚而終不去。
謙卦自尊豫怠人，震則動而艮則止。
兌主外遇巽內藏，隨前坎後偷安矣。
剝體消爛復自生，蠱改前非而已矣。
明夷內朗又逢傷，晉主外明并通理。
益擬茂盛損象衰，咸速恒遲渙遠遁。
同人內親睽外疎，解卦從容蹇難啟。
離文美麗艮光明，遯退回身姤相遇。
大有曰眾豐曰多，坎卦履險震卦起。
需則不進訟不寧，既濟一定無後慮。
未濟之卦男之終，歸妹之辭婦之始。

否遭大往而小來，泰卦大來而小去。
革去舊故鼎從新，小畜曰寡噬嗑食。
旅羈其外大過顛，夬卦分明曰快利。
要將字字考精詳，雜卦性情反對是。

占物類例

凡看物數，看其成卦，觀其爻辭。如得乾，曰「潛龍勿用」乃曰不可用之物，「見龍在田」乃曰田中之物，「或躍在淵」乃曰水中之物，「亢龍有悔」乃廢物也。如得坤之「直方大」乃曰直而方大之器物，「括囊无咎」乃曰包裹之物，「黃裳元吉」乃曰黃色衣服之物。「其血玄黃」、「困於石」乃曰石物或逢石而破。「困於株木」乃曰木物。又言爻辭不言物類，而不能決者，須以八卦所屬之象察之。

又訣

體用斷物之妙

生剋制化之妙，於諸訣中此訣極為美驗。其所訣，以生體者為可食之物，剋體者為可近人之穢物，體生者為不成之器，體剋者為破碎損折之物，比和者乃有用成器之物。又生體象者為貴物，剋體象者為賤物，所泄為廢物也。

又訣

凡算此數，以體卦為主，看其剛柔。用卦看其有用無用。體生方圓曲直，可作可用，如用生體，乃可食。用變互卦，看其色與數目。此互卦決其物之數目也。如互見乾兑，決為一二之數。互見艮坤，為七八之數也。但互卦重乾、重艮、重坤、重坎、重離之屬，皆是兩件物。乘旺，物數多，衰而物少。離為中虛之物，或空手無物。又決物之數者，如互艮卦，先天七數，後天亦不出八數之外。

物數為體訣

凡算物數者，不但以體卦為體，凡卦之多者，皆可為體。如乾金多，以金為體，則多剛；坤多以土為體，多柔。乾卦體卦乾，而用是乾，而互又是乾。固曰：金為體而剛矣，便是圓健剛硬之物。非金非石，此為體矣。觀物有體互變卦，並無生旺之氣者，為不入五行之物。觀物觀爻，如八卦中陽爻多，乃多剛之物；陰爻多，乃多柔之物。

又訣

觀物變在五六爻，多是能飛動之物。

觀物看變爻為主

凡觀物，以變卦為主，應用之應驗也。如得乾，初爻變為巽，乃金刀削過木之物。二爻動變為離，乃火中煅煉之金。三爻動變為兑，乃毀折五金之器，雖圓而破處多也。

觀物剋應法

凡算物之成敗，又看體卦剋應如何。成卦未決之際，見有圓物相遇，即斷是圓物。見有負土者過，即斷為土中之物。見剛健之物，即言是剛健之物。見有柔腐之物，即言是柔腐之物。

觀物趣時訣

凡算物，趣時察理，無有不驗。以春得震離為花，夏得震為有聲之物，秋得兌為毀折成器之物，冬得坤為無用土物也。

觀物用易例

有人以籠盛物者，算得地天泰之初變升，互見震兌，曰：此必是草木類而生土中也。色青根黃，當連根之草木也。蓋爻辭曰：「拔茅連茹[1]，以其彙。」乃曰：此乃乾根之草木也，視之乃草木連根，新採於土中也。互震為青色，兌為黃根也。

又有以令鐘覆物者，令占之，得火風鼎之雷風恒。乃曰：此有聲價氣勢之物，雖圓而今毀缺矣。其色白而可用。蓋其辭曰：「鼎玉鉉，大吉。」互見乾兌，雖圓而毀也。開視之，乃玉絛環，果破矣。

[1] 泰初九爻辭，應作「拔茅茹，以其彙」。

萬物戲念數中不可常為之

凡猜手中物，乾金為圓白之物。其色白，其性剛，為寶貨之物，有氣為無價物。坎為黑色，性柔，近水之物。又艮為土中之物，瓦石之類，有氣為成器之物，其色黃。逢兑剋，柔無氣，折傷之物。又巽震為竹木，有氣為有用之物，為可食之物；無氣為竹木之屬。遇兑之屬可食，當時之果物，色青。有氣柔，無氣剛。震巽遇坎為污濕物，或有氣；如無氣，為爛朽之木。離色赤，性柔，有水有木，而火焚之，必炭之類。有氣，為價值可貨之物。坤為土中之物，色黃而性溫。兑為毀折之物，帶口。凡占物，以春震巽、夏離、秋乾兑、冬坎皆當以為可用之物，成器之物。否則為無用之物。值六虛沖破，則必無物而空手矣。

占卜十應訣

凡占卜，以體卦為主，用為事應，固然矣。但體卦既為主，用互變卦相應，參看禍福。然今日得此一卦，體用互變中決之如此；明日復得此卦，體用一般，豈可又復以此決之？然則若何而可？必得十應之說而後可也。蓋十應之說，有正應、互應、變應、方應、日應、刻應、外應、天時應、地理應、人事應、所謂十應也。夫正應者，正卦之應也。互應者，互卦之應也。變應者，變卦之應也。此二卦之訣也。占者俱用之以斷吉凶矣。至於諸應之理，人有不知者，故必得諸用之訣，卦無不驗。不得其訣而占卜吉凶，或驗或不驗矣。得此訣者，宜祕之。

正應：正應者，即體用二卦決吉凶。

互應：互應者，即互卦中決吉凶。

變應：變應者，即變卦中決吉凶。

方應：方應者，以體為主，看來占之人在何方位上，即看其所坐立之方位。宜生體卦，又宜與體比和，則吉；如剋體卦則凶，如體卦生之，亦不吉矣。

日應：日應者，以體卦為主，看所占卦日屬何卦，及體卦與本日衰旺如何。蓋卦宜生體，宜比和；不宜剋體，亦不宜體卦生之也。本日所屬卦氣如寅卯木、巳午火、申酉金、亥子水、辰戌丑未土也。

刻應：刻應者，即三要之訣也。占卜之頃，隨所聞所見吉凶之兆以為吉凶之應。

外應：外應者，外卦之應也。占卜之際，偶見外物之來者，即看其物屬何卦。如火得離、水得坎之類。如見老人、馬、金玉圓物，得乾。見老婦、牛、土瓦物，得坤之類。又如見此者，為外應之卦。並看其卦與體卦生剋比和之理，以決吉凶。

天時應：天時之應，占卜之際，晴明為離，雨雪為坎，風為巽，雷為震。如離為體，宜晴。坎為體，宜雨。巽為體，宜風。震為體，宜雷。體見雷為比和，參之生剋，以定吉凶。

地理應：地理之應，凡占卜之時，偶在竹林間，為震巽之地；在江河溪澗池沼之上為坎；在五金之處為乾兌之鄉；在窰灶爐火之所為離；在土瓦之所為坤艮，並為體卦，論生剋比和之理以決之。

人事應：人事之應，即三要中人事之剋應也。蓋占卜之際，偶遇人事之吉為吉，偶遇人事之凶為凶。如聞笑語，主有吉慶之事；遇哭泣，主有悲愁之事，又以人事之屬於卦者論之：老人為乾，老婦為坤，少男為艮，少女為兌。並看此人事之卦與體卦生剋比和，以決吉凶。

右十應之理，凡占卜之際，耳聞目見以決吉凶，並以體卦為主，而詳其生剋比和之理。如占病症，互變中俱有剋體之卦，而本卦中又無生體之卦者，斷不吉也。又看體衰旺，若體旺則庶幾有望，體衰則無復生理。如是，又看諸應有生體者，險中有救；又有剋體則不可望安矣。其餘占卜，並以類推之。

論事十大應（論日辰秘文）

一行：問官司，屬木，旺木有文書[1]；屬火，有官司財，金木財有至。有客至。問病，人大潮熱，金水米漿。

二立：官司不發，木土無金木，大小口舌，病不凶。財水土，有貴人至，文書發動。

三坐：問官司，有訟不成。主財屬火，主和勸。金敗財，木得財。病腳又有犯林木神，有禍不凶。

四臥：官司，側睡者欲起，必做，主陰人事。金有財，火事發破財。土水無財難就。土木有財。

五擔：官司被人自驚，火與面說人成口舌。問信見水土得財。金木客至。病有犯四肢沉重不能起。

六券：官司不成，火有財，水土有災。心下不安，有貴人，主口舌，不凶。

七窠頭：官司立見口舌。火大官司；水土比和財無，小人分上，口舌嘔氣

1 或作「屬不旺，木有文書」。

病。主陰人小口災。

八跳足：官司破財，外人欺，心下驚慌。火主破財，土不凶。病有孝至。

九喜：官司自己無主，外人有請，勸官司。有酒肉，別人事。口舌紛紛，求財不許。不凶。

十怒：官司主外人欺淩，不見官，主破財。倚人脫卸，火驚病凶。

卦應（與前八卦屬類大同小異，觀者可以互參）

乾為天、為圓、為君父、為首、為玉、為金、為寒、為冰、為大赤、為馬、為良馬、為老馬、為瘠馬、為駁馬、為木果。（《九家易》云：為龍、為直、為衣、為言。）如姤、遯、否、履、无妄、訟、同人七卦，乾在上，剛在外。如大有、泰、大壯、夬、需、大畜、小畜七卦，乾在下，剛於內。乾坤剛柔，四發八變，惟六動隨時有異，不拘於一。乾性溫而剛直，偏位西北，不居子午而居戌亥。附於禮法，則為剛善，為明；不附於禮法，則為剛惡，為兇暴。

【天文】雪、老陽。

【天氣】寒。

【凶盜】軍、弓手、賊、強橫、停尸。

【官貴】朝貴、鹽司、大守、座主。
【身體】頂、面頬、傾輔。
【性情】剛健正直、尊重、好高、戰吉。
【聲音】正清、商。
【信音】朝信改、召命、薦舉、關陞、義親。
【事意】上卦為形象之家，下卦為強橫之輩。
【疾病】手太陽脈弦緊，天威所罰，上壅目熱、寒熱。
【附藥】丸子。
【食物】餅子之赤者、手餅、饅頭、荷包、豬頭腦骨頭、羹、珍粉、餛飩。
【穀果】粟，栗，瓜，豆，龍眼，荔。
【禽獸】雀，鶥，鶚，鷹（餘備載於前）。
【衣服】赤玄色。
【器用】圓物盞、注子盤、水晶、玉環、定器、毬。
【財】恩義交貨、錢馬之類。
【祿】壬申。
【字】方圓形字，有頭者須傍八卦。

【策】二百一十六。

【軌】七百六十八。

坤為地，為母，為布，為釜，為腹，為吝嗇，為均，為牛，為子母牛，為大輿，為文，為眾，為柄。其於地也為黑。坤土體柔，外於六卦，柔在下，柔在內。坤厚位居偏，在西南申上。附於理法則為聖賢，否則為邪蕩。

【天文】霧，露，雲，陰。

【地理】郡國，宮闕，城邑，牆壁。

【人物】母、妻、儒、農、僧。

【凶盜】奴婢藏在僻處。

【官貴】大臣、教官、考校文字。

【生育】女，肥厚。

【性情】順緩不信事，頑鈍無慈愛。

【聲音】宮音。

【事意】遲滯，頑懦，慳吝，從容。

【疾病】手太陰侯、腹痛、脾胃閉、脈沈伏。

【飲食】蔾羹、燒熬凍物、鵝、鴨、肺，太牢飲食、飴糖。
【五味】苦、辣、甘。
【果品】取物汁。
【音信】順遂，可許為捷應，辰戌丑未月日。
【財物】束脩、抄題、僧衣、布裳。
【婚姻】富家、莊家、商家、醜、拙、性吝、大腹、壯、遲鈍、面黃。
【器用】轎、車、瓦器、田具、沙器。
【禽獸】牛、牝馬、鷗、雀、鴉、鴿。
【字】圭、金、四、牛旁。
【祿】癸酉。
【策】一百四十四。
【軌】六百七十二。

震為雷，為龍，為玄黃，為旉，為大塗，為長子，為足，為決躁，為蒼筤竹，為萑葦。其於馬也為善鳴，為馵足，為作足，為的顙。其於稼也為反生。其究為健，為蕃鮮。（《九家易》云：為王，為鵠、為鼓。）春夏性嚴剛直，眾所欽服；秋冬剛而不威。不能制物，不好閑，賦性偏而偶。附於理則為威嚴，否則為躁暴。體用上卦為飛，下卦為走。

【天文】雷、虹霓、電。

【地理】屋市宅、門戶枋。

【方所】正東。

【人物】商旅、將帥、工匠。

【凶盜】東去，男人盜。

【官貴】監司，郡守、刑幕、巡檢、法官。

【生育】長男、轉動、虛驚、怪異。

【性情】始剛，故決斷。急於動，故躁。

【婚姻】官宦家、技巧工，女容心神好、動靜易轉。

【聲音】上下角、上平聲、三音七聲。

【音信】所許不至。

【事意】舊事重疊、有名無實。

【疾病】氣積冷傷胃、四體勞倦、溫冷傷食。

【藥】足太陽脉洪浮。

【宴會】酒會、玩賞、期集。
【食物】麵食、包子、酒、時新之物。
【穀果】芋、小豆、稼、時新之果。
【禽獸】蜂、蝶、白鷺、鶴。
【器用】木器盤、竹器筐、算盤子、舟車、兵車、轎、器皿、瓶盞甌、樂器、鼓。
【衣物】裙、腰帶、纏帶、繩、疋帛、青玄黃之綵。
【財】陰人取索、竹木錢。
【祿】庚。
【字】走竹旁、立畫偏。
【色】青、玄、黃。
【策】百六十八。
【軌】七百四。

巽為木、為風、為長女、為繩直、為工、為白、為長、為高、為進退、為不果、為臭、為魚、為雞。其於人也為寡髮，為廣顙，為多白眼，為股，為近利市三倍。其究為躁卦。（《九家易》云：為揚、為鸛。）春夏有權，號令謀略；秋冬剛柔不一，與物為害。巽入也，凡事敢為，不退避。巽陰，賦性偏，附於禮法則為權謀，否則為姦邪。

【天文】風。

【地理】林苑、園圃。

【人物】命婦、藥婆、工術女。

【凶盜】奴婢商量取去、宜急來之。

【官貴】典獄、考校、幹官、休究。

【身體】耳、目、膽、髮、命、口、肢。

【生育】長女、胎月少、瑩白。

【性情】鄙野、慳吝、艱苦、號咷。

【婚姻】命婦、宗室女、委望、進退。

【聲音】角音、角仄聲、三聲、四聲上下。

【信音】召命、報捷、辟差、舉狀。

【事意】薦舉、呈發、申審、號令、聽命。

【病】手足厥會和氣候三十日、脈濡弱、飲食傷胃、宿酒、痞隔、為臭、水穀不化。

【藥】草藥。

【宴會】家筵、客不齊。

【穀果】蔴、粉、茶。

【食物】長麵、粉、羹、膾、雞、魚、腸、肚、酸物，下卦為鵝鴨。

【器用】竹木草具、繩、絲絃索、樂器。

【禽獸】雞、鵝、鴨、魚、善鳴之蟲禽。上卦飛，下卦走。

【衣物】衣、繩、絲、青綠、碧、白、紫色。

【財】利市喜羹、租錢、料錢、那免。

【祿】辛。

【字】草木竹旁、西方，絲魚菜舟齒足疾大豆辣。

【策】一百九十二。

【軌】七百三十六。

坎為水、為溝瀆、為中男、為耳、為豕、為隱伏、為矯揉、為弓輪。其於人也為加憂、為心病、為耳痛、為血卦、為赤。其於馬也為美脊、為亟心、為下首、為薄蹄、為曳。其於輿也為多眚、為通、為月、為盜。其於木也為堅多心。

春夏性險，不顧危亡，為事多暴。秋冬性邪[1]，先難後易，有謀略，有膽志，坎險維心亨，內主坎陷賦性而居北。坎之體，隱伏之物，水中之物。附於禮法為剛，否則為險陷。

【天文】月、虹、雲、霜。
【地理】海闊、水泉、溝瀆、廁。
【方所】正北、丘墓中、狐兔穴中。
【人物】僧、道。
【凶盜】乘便而來、脫頭露尾、易敗必獲。
【官貴】漕運、錢糧、漕官運屬。
【身體】髮、膏、血。
【生產】難產、中男、清秀。
【性情】心機陰陷、智隨方圓、委曲。
【婚姻】富家、酒家、親家用牲。
【聲音】羽中上卦、羽平六聲下卦。

1 「邪」或作「靜」。

【信音】反覆猶豫、小人欺詐、佞狡獪、盜賊、獄訟。
【疾病】足太陰之氣、脉滑芤。
【附藥】補腎藥、或酒水下。
【食物】酒、鹹物、豕、魚、海味、中硬而核、腰子。
【穀果】麥、棗、梅、李、桃、外柔內堅有核。
【禽獸】鹿、豕、象、豚、狐、燕、螺。
【器用】酒器、車輪、敗車。
【衣物】青黑色。
【財】爭訟之財，和合打偏財。
【字】兩頭點水全水月小弓之屬。
【祿】戊。
【色】黑皂、白。
【策】一百六十八。
【軌】七百零四。

離為火、為日、為電、為中女、為甲胄、為兵戈。其於人也為大腹、為目、為乾卦、為雉、為鱉、為蟹、為蠃、為蚌、為龜。其於木也為科上槁。（《九家易》云：為牧牛。正洙作牝牛。）春夏性明，文彩有斷，秋冬晦而不明，始終不決。離，麗也，明察於心，賦性直而居正南。附於禮法則為文明，否則為非也。

【天文】日、霞、電、晴。

【地理】殿堂、中堂、簷、廚灶。

【方所】正南。

【人物】為將帥、兵戈甲之士。

【凶盜】婦人盜，從南方去。

【官貴】翰苑、教官、通判、任宜在南方。

【身體】三焦、小腸、目、心。

【生育】次女、多性燥啼哭。

【性情】聰明、見事明了。

【信音】朝信、文書、報捷、契券。

【事意】憂疑、聒拓、喧哄、性急、虛憂。

【疾病】手足二君太陽明三相火，眼病，氣燥，熱疾，發狂。

【禽獸】鳳有文彩、鱉、螺、蚌、蟹、鰲、蛤、蠃、鶉、鶴、飛鳥、牝羊。

【食物】餛飩、蟹、鱉、蚌、介虫之屬、中虛物、炙煎物。

【穀果】穀實粱藕、外堅內柔之物、棘木之花葉、枯枝。

【器用】燈火之具、外堅內柔之物、屏幕簾旗幟、戈兵甲冑、盤、甑瓶繳壁一應中虛之物、窰灶爐冶盒子甕籠。

【衣物】赤紅紫色。

【財】遠舊取索意外之物。

【字】火日旁。

【祿】己。

【策】一百九十二。

【軌】七百六十三。

艮為山、為少男、為手、為徑路、為小石、為門闕、為果蓏、為閽寺、為指、為狗（《漢上》作豹熊虎之子）、為鼠、為黔喙之屬。其於木也為堅多節。（《九家易》云：為鼻、為膚、為皮革、為虎、為狐。）春夏性稟溫和好善，秋冬執滯不常，為事遲緩。艮，止也，有剛有柔，民陽賦性偏而居偏。附於禮法為剛直，否則為頑梗。

【天文】星、烟。
【地理】山徑、牆巷、丘園、門、闌、闍寺、宗廟。
【方所】東北方、艮門牆、寺。
【人物】閽寺僕隸、官僚、保人。
【凶盜】以下所使警迹人。
【官貴】山郡，無還轉。
【身體】手指鼻肋脾胃。
【生育】損胎、次男。
【性情】濡滯多疑，優游內剛中軟。
【聲音】清上平，一音，十二音，三聲。
【事意】反覆進退，去就多疑。
【疾病】手太陽久患脾胃、股疾、脉沈伏。
【附藥】濕土石藥。
【宴會】常酣、宴飲、期集。
【穀果】豆、大小粟。

【食物】糕點之物，所食不一。酒漿雜爊[1]之物，凍物，雜羹，有汁物，鴨鵝，甘味。
【禽獸】牝牛、子母牛、鵠、鶻、鴉、鵲、雀、鷙、鷗、鼠。
【器用】轎輿、犁具、兵甲器、陶冶瓦器、鍋釜瓶甕篋傘、錢袋、磁器、踏鐙、螺蛔、盒子、內柔外剛之物。
【衣物】黃裳、僧衣、黑皂彩帛、袋布。
【祿】丙。
【財】舊錢置轉貨，買田土趁錢。
【字】土牛田傍。
【策】一百六十八。
【軌】七百零四。

兑為澤、為少女、為巫、為口舌、為毀折、為附決。其於地也為剛鹵、為妾、為羊。（《九家易》云：為堂、為輔頰。）春夏性說好辯，秋冬好雄。兑，

[1] 爊通熬，或熝。

說也，邪言偽行，無所不為，隨波逐流。附於禮法則和順，否則邪佞淫濫。
【天文】雨露、春霧、細雨。夏秋重霧，冬大雪。上為雨，下為露。
【地理】井、泉、泗澤。
【方所】西方。
【人物】先生、客人、巫匠、媒人、牙人、少女、妾娼。
【官貴】學官、將帥、縣令、考校、樂友、赴任西方。
【凶盜】家使童僕藏于僻地。
【身體】口肺、膀胱、大腸、輔頰、舌、太陽。
【生育】少女、胎月不足、多奇異。
【性情】喜悅口舌多美。
【聲音】商上下商之濁四聲。
【婚姻】平常之家，少女，媚悅。
【信音】喜酉丑時日至。
【事意】唇吻口舌，讒謗相欺、爭打婦人，暗昧。
【疾病】口痛、唇齒咽喉危困。
【附藥】剉劑。

【宴會】講書、會友、請先生、吟賞。
【食物】包子、有口舌物、糖餅、燒餅、肝肺。
【穀果】栗、黍、棗、柰、胡桃、石榴。
【禽獸】羔羊、鹿、猿、豹、虎、豺、鷺、魚。
【器用】席、鐵、銅、錢、器皿、酒盞、瓶、甌、有口器、或損缺。
【衣物】綵。
【財】束脩、合本。
【祿】丁。
【字】家金、鈎口傍。
【色】素白。
【策】一百九十二。
【軌】七百三十六。

卷四：拆字篇上

夫先天者，已露之機。後天者，未成之兆也。先天則有事始占一事之吉凶，後天則有所未知而出倉猝之頃，而休咎驗焉。故先天為易測，後天為難測也。先天則有執箸而成卦，後天觸物即有卦，此全在人心神之所用也。其能推測之精，所用之活，則無一事一物，莫逃之數矣。

我居者為中，現於前者為離，現於後者為坎，出於左者為震，出於右者為兑，在我左角者為艮，在我右角者為乾，在乾左角者為坤[1]。此八卦位八方而定吉凶，立八卦而定克應，取時日而定吉凶，觀變爻而定體用。故我坐則其禍福應二卦成數之間，我立則其禍福應於中分二卦之間。大抵坐則靜，行則動，立則半動半靜。靜則應遲，動則應速。凡有觸於我而有意，以為我之吉凶，則吉凶在我，應驗在人。意者何如？蓋八卦之畫既定，六爻之斷既明，余仍以生剋之理，究以刑冲之蘊，萬無一失矣。近取諸身，遠取諸物，仍當以心求，不可以迹求，不可拘泥物圓為天卦，物方為地卦，是為序。

---

1 此段所講坐向即後天八卦之方位。原文缺巽，坤卦應在我的右前方。

指迷賦

嘗聞，相字乃前賢妙術，古今祕文。為後學之成規，辨吉凶之易見。
相人不如相字，即相其人，變化如神，精微入聖。
自古結繩為政，如今花押成數。
言，心聲也。字，心畫也。心形如筆，筆畫一成，
分八卦之休咎，定五行之貴賤，決平生之禍福，知目前之吉凶。
富貴貧賤，榮枯得失，皆於筆畫見之。或將吉為凶，或指凶為吉。
先問人之五行，次看人之筆畫。相生相旺則吉，相剋相泄則凶。
如此觀之，萬無一失。
為官則筆滿金魚，致富則筆如寶庫。
一生孤獨，見於字畫之攲斜；半世貧窮，乃是筆端之愚濁。非夭即賤。
三山削出，皆非顯達之人。四大空亡，盡是寂寥之輩。
父母俱存兮乾坤筆肥，母早亡兮坤筆乃破，父先逝兮乾筆乃虧。
坎是田園並祖宅，穩重加官。艮為男女及兄弟，不宜損折。
兌上主妻宮之巧拙，離宮主官祿之榮枯。

震為長男，巽為驛馬，乾離囚走，壬主競爭。
震若勾尖，常招是非，妻定須離。若是圓淨，祿官亦要清明。
離位昏蒙，乃是剝官之殺。兌宮破碎，宜昏硬命之妻。
金命相逢火筆，剋陷妻兒。木命亦怕逢金，破財常有。
水命不宜土筆，不見男兒。火命若見水筆，定生口舌。
土命若見木筆，祖產自消。
相生相旺皆吉，相剋相刑定凶。
舉一隅自反，遇五行而相之。略說根源，以示後學。

玄黃剋應歌

玄者天也，黃者地也，應者剋應之期也。天地造化，剋應之謂也。
其歌曰：
凡是揮毫落楮時，便將凶吉此中推。
忽聽傍語如何說，便把斯言究隱微。
倘是歡言多吉慶，若聞愁語見傷悲。
聽得鵲聲云有喜，偶逢鴉叫禍無疑。

帶花帶酒憂還退，遇醯逢醯事轉迷。
更看來人何服色，五行深處說根基。
有人抱得嬰兒至，好把陰陽兩字推。
男人抱子占兒女，婦人抱子問熊羆。
一女一子成好事，群陰相挽是仍非。
若見女人攜女子，陰私連累主官非。
忽然寫字寬衣帶，諸事從今可解圍。
跛子瞽人持杖至，所謀蹇滯不能為。
竹杖麻鞋防孝服，權衡炳印主操持。
見菓斷之能結果，逢衣須說問良醫。
若見丹青神鬼像，斷他神鬼事相隨。
若畫翎毛花果類，必然粧點事須知。
有時擊磬敲椎響，定有佳音早晚期。
寺觀鈴鐃鐘鼓類，要知仙佛與禳祈。
倘是攜來魚雁物，友朋音信寫相思。
逢梅可說娣媒動，見李公私理不虧。

見肉定須憂骨肉，見梨只怕有分離。
仕宦官員俄頃至，貴人相遇不移時。
出筆拔毫通遠信，筆頭落地事皆遲。
墨斷須防田土散，財空寫硯忽乾池。
犬吠如號憂哭泣，貓呼哀絕有人欺。
賊盜將臨休見鼠，喜人摧動愛聞雞。
馬嘶必定有人至，鵲噪還應遠客歸。
字是硃畫憂血疾，不然火厄有憂危。
樓上不宜書火字，木邊書古有枯枝。
硃書更向爐邊寫，熒惑為災信有之。
破器偶來添硯水，切憂財耗物空虛。
筆下忽然來蟢子，分明吉慶喜無疑。
若在右邊須弄瓦，左邊必定產男兒。
葉上寫來多怨望，花間書字色情迷。
菓樹邊傍能結果，竹間阻節事遲疑。
晴宜書日雨宜水，夏火秋金總是時。

更審事情分向背，玄黃剋應細詳推。

玄黃敘

龜形未判，此為太古之淳風。鳥跡既分，爰識當時之制字。雖具存於簡牘，當深究其源流。成其始者，信不徒然。即其終之，豈無奧義。寶田曰富，分貝為貧。兩木相並以成林，每水東歸是為海。雖紛紛而莫述，即一一而可知。不惟徒羨於簡編，亦可預占乎休咎。春蛇秋蚓，無非歸筆下之功。白虎青龍，皆不離毫端之運。今生好癖，博學博文。少年與筆硯相親，半世與詩書為侶。識魯魚之外，窮亥豕之訛。別賢愚之字，昭然於毫端。察禍福之機，瞭然於心目。鮮而當理，敢學說字之荊公。挾以動人，未遜後來之謝石[1]。得失何勞於龜卜，依違須決於狐疑。

1 謝石：宋朝測字名人，《梅花易》書中有他的測字故事。

豈徒筆下以推尋，亦至夢中而講究。
刀懸梁上，後操刺史之權。松出腹間，果至三公之位。
皆前人之已驗，非後學之私言。
洞察其陰陽，深明乎爻象，則吉凶悔吝可知矣。

玄黃歌

大抵畫乃由心出，以誠剖決要分明。
出筆發毫逢定位，筆頭若出幹無成。
墨斷定知田土散，紙破須防不正人。
犬吠一聲防哭泣，鼠來又忌賊來侵。
赤硃寫字血光動，葉上書來有怨盟。
忽見雞鳴知可喜，人驚夢覺事通靈。
馬嘶必有行人至，貓過須防不正人。
船上不宜書火字，樓頭亦忌有官刑。
有時戲在爐中寫，遇火焚燒忽不寧。
破器莫教添硯水，定知財散更伶仃。

筆下偶然蠅螬至，分明六甲動陰人。
在左定生男子兆，右至當為添女人。
曾見人家輕薄輩，口中含飯問災迍。
直饒目下千般喜，也問刑徒法裏尋。
花下寫來為色慾，女子情意喜相親。
花開花落尋災福，刻應之時勿目盲。
麒麟鳳凰為吉兆，豬羊牛馬是凡形。
此際直搜玄妙理，其中然後有分明。
應驗止須勤記取，災祥議論覺風生。

花押賦

夫押字者，人之心印也。古人以結繩為證，今人以押字為名。
大凡窮通之理，皆與陰陽相應。先觀五行之衰旺，次察六神之強勝。
五行者，立木，臥土，勾金，點火，曲水之象。
六神者，青龍，朱雀，螣蛇，玄武，勾陳，白虎之形。
上大闊方，火乃發用，堅瘦兮木乃生榮。

金要方而水要圓，土要肥而木要正。
故曰：炎炎火旺，玉堂拜相。洋洋水秀，金闕朝元。
木盛兮仁全義廣，金旺兮性急心剛。
土薄而離巢破祖，土厚而福祿綿綿。
故曰：木少水多，根根折挫[1]。金少火多，兩窟三窩。
金斜而定然子少，木曲而中不財豐。
蓋畫長兮象天居上，土臥厚兮象地居下。
內木停兮象人在於中央，三才全兮如身居其大廈。
無天有地兮父早刑，有天無地兮母先化。
有孤木兮昆弟難倚，失天地兮故基已罷[2]。
內實外虛兮雖才高無成，外實內虛兮終富貴而顯赫。
龍蟠古字，必有將相之權。不正偏斜，定是孤窮之客。
螣蛇纏體，飄流萬里之程。玄武剋身，妨妻害子。
身之土透天，常違父母之言，而有失兄弟之禮。

1 通行本作「少木多根根折挫」。此依《古今圖書集成》版《拆字數》。
2 通行本作「天失兮故基已罷」或「夫天失兮故基已罷」。

只將正印，按五行仔細推詳，大小吉凶，搜六神而無不驗矣。

探玄賦

且夫

天字者，乃乾健也，君子體之。

地字者，乃坤順也，庶人宜之。

君子書天，得其理也。庶人書地，亦合宜也。

夏木春花，此乃敷榮之日。冬梅秋菊，正是開發之時。

一有背違，寧無困頓。

日字要看停午，月來須問上弦。

假如風雨，要逢長旺之時。若是雪霜，莫寫炎蒸之候。

牡丹芍藥，只是虛花。野杏山桃，皆為結實。

森森松柏，終為梁棟之材。鬱鬱蓬蒿，不過園籬之物。

書來風竹，判以清虛。寫到桑蠶，歸於飽煖。

鑼鳴炮響，可言聲勢之家。浪滾船行，俱作飄流之士。

魚龍上達，犬豕下流。

泉石烟霞，自是清貧之士。軒窗臺榭，難言暗昧之徒。
河海江山，所為廣大。澗溪沼沚，作事卑微。
燈燭書在夜間，自然耀彩。月星寫於日午，定是埋光。
椒桂芝蘭，豈出常人之口。桑麻禾麥，決非上達之人。
黃白綠青紅，許以相逢艷冶。宮商角徵羽，言他會遇知音。
劍戟戈矛，終歸武士。琴書筆硯，乃是文人。
問錢與貧，因見自謙之德。書富乃貴，已萌妄想之心。
金玉珍珠，不過守財之輩。榮華顯達，宜尋及第之方。
恩情歡愛，既出筆端。淫蕩癡迷，常眠花下。
酒漿膾炙，哺啜者必常書之。福壽康寧，老大者多應寫此。
且如龍蟠虎踞，寧無變化之時。鳳翥鸞翔，終有飛騰之日。
體如鷺立，孤貧之士無疑。勢如鴉飛，饒舌之徒可測。
驚蛇失道，只尋入穴之謀。舞鶴離巢，自有沖霄之志。
急如鵲跳，是子輕浮。緩似鵝行，斯人穩重。
如篁蓊鬱，休言豁達心懷。似水漂流，未免蕭條家道。
或若炎炎之火，或如點點之雲。

一生喜怒無常，終身成敗不保。

風搖嫩竹，早年卓立難成。雨洗桃花，晚歲羈棲無椅。為人瀟洒，乃如千樹之江梅。賦性溫柔，何異數株之岸柳。烟蘿繫樹，卓立全倚於他人。霜葉辭柯，飄零不由乎自己。畫似棱棱之枯木，孤苦伶仃。形如泛泛之浮萍，貧窮飄泊。無異巉岩之怪石，巇險營生。有如聳拔之奇峰，孤高處世。金繩鐵索，此非岩谷之幽人。玉樹瑤琴，定是邦家之良佐。亂絲纏結，定知公事牽連。利刃交加，即是私家格角。撇如羅帶，際遇陰人。捺似拖鉤，刑傷及己。勾似錦靴，遭逢官貴。畫成橫枕，疾病臨身。切忌橫冲半斷，不保榮身。仍嫌直落中枯，難言高壽。剔成新月，出門便見光輝。點作星飛，守舊寧無晦滯。至若揮毫帶煞，秉生死之重權。落紙無成，作奔趨之賤役。起騰騰之秀氣，主有文章。生凜凜之寒光，寧無聲價。半濃半淡，作事多乖。倚東倚西，撐持不暇。字短則沉淪不顯，字長則潦倒無成。

拾後拈前，所為險阻。忘前顧後，舉動趑趄。且如偃仰，遇庶人則成號泣，君子必定飛騰。若是拘攣，逢君子乃是刑囚，庶人必能勤苦。造其理也，即此推之。

余向遇異人，曾授玄黃諸篇，今遇異翁，授此賦畢。問之曰：「願得公之名姓。」公不答而去。

齊景至理論

天下之妙，無過一理。理既能明，在乎明學。學者窮究，莫難乎性。性既明達，其理昭然。且蒼頡始制之時，觀跡成象。以之運用，應變隨機。且釋老梵經，王勃佛記，迨乎今飛輪寶藏之內，既深且密，非高士莫得而聞，何由睹之？

其漢高有滎陽之圍，以木生火，終不能滅。有人夢腹上生松，絲懸山下，後為幽州刺史。松為十八公，不十為卒。《春秋》說「十四心為德」，《國誌》云「口在天上為吳」，《晉書》：黃頭小人為恭，以人負吉為造。八女之解安樂山，兩角女子綠衣裳。端坐太行邀君王，一止之月能滅亡。正月也。郭璞云：「永昌有昌之象，其後昌隆。」羅，四維也，其偶如此。

且人稟陰陽造化，憑五行妙思，一言一語，一動一靜，然後揮毫落楮，點畫勾拔，豈不從於善惡，得之於心，懸之於手。心正則筆正，心亂則筆亂。筆正則萬物咸安，筆亂則千災竟起。由是考之，其來有自。達者以理曉，昧者以字拘。難莫難於立意，貴於言辭。立意須在一門，言詞務在必中。

余幼親師友，溫故知新，志在取進場屋，為祖宗之光，遂乃屈身假道。每以詩酒自娛，渡江乘輿，偶信卜於岩谷，觀溪山之清流，聞禽鳥之好音，殆非人世。忽見一人，道貌古怪，披頭跣足，踞坐磻石之上。余由是坐之於側良久，交談之際，詢余曰：「子非齊景乎？」予驚訝預知姓名，疑其必異人也。遂答之曰：「然。」異人曰：「混沌既判，蒼頡制字者，余也。自傳書契於天下，天下大定，後登天為東華帝君。今居於此，乃東華洞天。余曾有奇篇，昔付謝石，今當付汝。今子之來，可熟記速去。不然，塵世更矣。」於是拜而受之，退而觀其奧妙，乃玄黃妙訣神機，解字之文。得其方妙，如谷之應聲。善惡悉見，禍福顯然。定生死於先知，決狐疑於豫見。後之學者，幸珍重之。

字畫經驗

敷字：昔在任宰請拆之，云：此字十日內放筆，果以十日罷任。

家字：凡人書此，家宅不寧。空字頭下豕，應在亥月者也。

荊字：廾而刑，不利小人，大宜君子。

硯字：有一字天出之亂爾，見明之兆。

典字：曲折多，四七日有興進之兆，貴人必加官進祿，四十日有進納之喜。

果字：凡事善果披剃[1]，蓋口中無才，又云進小口。

馬字：昔有馬雅官，寫馬字無點，馬無足不可動。

來字：來帶兩人之才，皆未見信，行人未應，三人同來財，午未年發。

葵字：逢春發生，又占名利，逢癸可發。占病不宜，廿日有驚恐之兆。

但字：如日初升，常人主孤，凡事未如意，十日身坦然。

謙字：故人嫌，蓋無廉恥，目下有事，多是非。

亨字：高不高，了不了，須防小人不足，及外孝不祥。

達字：廿日未達，即日并不順，少喜多憂。

奇字：占婚奇偶未諧，應十日。難為兄弟，事不全。

俊字：一住一利，交友難為。父兄反覆，文書干連變易凶。

1 披架裟剃髮。即出家。

常字：占病，堂上人災，有異姓異母。上有堂字頭，下有哭字頭。

每字：昔曹石遣人相此字，異日必為人母，後果然。

城字：逢丁戊日六神動，忌丁戊日，田土不足，進力成功。

池字：凡事拖延有日，逢地必利，蓋添蟲為虵。

春字：宋高宗寫此字，時秦檜用事，相者云：秦頭太重，壓日無光，檜聞言召而遣之。

一字：土字一字王也。

益字：有吏人書益字，廿八日有血光之厄，至期果然。

田字：有人書此。相言：直看是王，橫看是王，必主大貴。

字體詩訣

天字及二人，作事必有因。一天能庇蓋，初主好安身。

地字如多理，從此出他鄉。心如蛇口毒，去就儘無妨。

人字無凶禍，文書有人來。主人自卓立，凡事保和諧。

金字得人力，屋下有多財。小人多不足，凡事要安排。

木字人未到，初生六害臨。未年財祿好，切莫要休心。

水字可求望，中妨有是非。文書中有救，出入總相宜。
火字小人相，中人發大財。災憂相見遇，日下有人來。
土字日下旺，田財盡見之。穿心多不足，骨肉主分離。
東字正好動，凡事早求人。牽連須有事，財祿自交欣。
西字宜還改，為事忌惡人。心情雖洒落，百事懶棲身。
南字穿心重，還教骨肉輕。凡事卻有幸，田土不安寧。
北字本比和，不宜分彼此。欲休尚未休，問病必見死。
身字主己事，側伴更添弓。常藉人舉薦，仍欣財祿豐。
心字無非大，秋初陰小災。小人多不足，夏見必災來。
頭來須鄙衰，發可卻近貴。要過子丑前，凡事皆順利。
病來如何疾，木命最非宜。過了丙丁日，方知定不危。
言字如何拆？人來有信音，平生多計較，喜吉事應臨。
行字問出入，須知未可行。不如姑少待，方免有災驚。
到字若來推，出入尚顛倒。雖然吉未成，卻於財上好。
得來間日下，寧免帶勾陳。凡事未分付，行人信不真。
開字無分付，榮謀尚未安。欲開開不得，進退兩皆難。

附字問行人，行人猶在路。為事卻無凶，更喜有分付。
事字事難了，更又帶勾陳。手腳仍多犯，月中方可人。
卜字求測事，停筆好推詳。上下俱不足，所為宜不祥。
望字逢寅日，所謀應可成。主須不正當，卻喜有功名。
福字來求測，須防不足來。相連禍逼迫，一口又興災。
祿字無祖產，當知有五成。小人生不足，小口有災驚。
貴字多近貴，六六發田財。出入須無阻，宜防失落災。
用字主財用，有事必經州。誰識陰人事，姓王并姓周。
康字未康泰，宜防陰小災。所為多不逮，財祿亦難來。
寧字占家宅，家和人口增。財於中主發，目下尚伶仃。
吉字來占問，反教吉又凶。因緣猶未就，作事每無終。
宜字事且且，須知在目前。官非便了當，家下亦安然。
似字眾人事，所為應不成。獨嫌人力短，從眾則堪行。
多字宜遷動，死中還得生。事成人侈靡，兩日過方明。
古字多還吉，難逃刑剋災。雖然似喜吉，口舌卻終來。
洪宜人共活，火命根基別。事還牽制多，應是離祖業。

香字忌暗箭，木上是非來。十八二十八，好看音信回。
清字貴人順，財來蓄積盈。陰人是非事，不淨更多年。
虛惟頭似虎，未免有虛驚。凡事亦可慮，仍防家不寧。
遠字事多達，行人有信音。為事既皆遂，喜吉又來臨。
同字如難測，商量亦未然。兩旬事方足，尚恐不周員。
眾字人共事，亦多生是非。所為應不斂，小口有災危。
飛字須可喜，反覆亦多非。意有飛騰象，求名事即宜。
秀字多不實，無事亦孤刑。五五加一歲，還生事不寧。
風字事無寧，逢秋愈不吉。疾多風癬攻，更防辰戌日。
天字已成天，亦多吞噬心。事皆蒙庇蓋，行主二人臨。
元字二十日，所為應有成。平生刑剋重，兀兀不安寧。
秋字秋方吉，小人多是非。須知和氣散，目下不為宜。
申字是非長，道理亦有破。終然屈不伸，謀事難為禍。
甲字利姓黃，求名黃甲宜。只愁田土上，還惹是和非。
川字如來問，當知有重災。仍防三十日，不足事還來。
墟字若問事，虎頭蛇尾驚。有人為遮蓋，田土不安寧。

辰字如寫成，主有變化象。進退雖兩難，功名卻可望。
青字事未順，須知不靜多。貴人仍不足，日久始安和。
三字多還改，為事亦無主。當知二生三，本由一生二。
人如來問測，分字亦安讓。凡事多費解，仍妨公擾憂。
字須有學識，初主似空虛。家下不了事，名因女子中。
士為大夫體，未免犯穿心。拮括是非散，番多吉事臨。

四季水筆

春水昏濁，夏水枯涸，秋水澄清，冬水凝結。
水為財，忌居乾兌坎，ㄋ乙ㄋㄅ，點不為殺，必為貴人。

畫有陰陽

長中有短，為陽中陰。短中有長，為陰中陽。粗細輕重，以此為例。陽中有陰則佳，陰中有陽反凶。壬字頭畫是陽中有陰，任字頭畫是陰中有陽。水筆不流，流則不佳。戴流珠，名暎星，小人囚係。取福下至上一三，取禍上至下一三。

八卦斷

乾宮筆法如雞腳，父母初年早見傷。若不早年離侍下，也須抱疾及為凶。
坤宮屬母看榮華，切忌勾陳殺帶斜。一點定分榮祿位，一生富貴最堪誇。
艮位排來兄弟宮，勾陳位筆性他凶。縱然不剋并州破，也主參商吳楚中。
巽宮帶口子難逢，見子須知有剋刑。饒君五個與三個，未免難為一個成。
震位東方一位間，要他筆正莫凋殘。若逢枯斷須露疾，腰腳交他不得安。
離是南方火位居，看他一點定榮枯。若還員淨榮官祿，燥火炎炎定不愚。
坎為財帛定卦位，水星筆橫占他方。若見筆尖無大小，根基至老主榮昌。
兌為西方太白間，只宜正直莫凋殘。若然坑陷并尖缺，妻子驕奢保守難。

新訂指明心法

相字心易

凡寫兩字，止看一字，蓋字多必亂。若謀事之類，亦必移時，方可再看。

辨字式

富人字多穩重，無枯淡。貴人字多清奇，長畫肥大。貧人之字多枯淡，無精神。賤人字多散亂，帶空亡。百工字多挑趯。商字多遠邇，男子字多開闊，婦人字多偪側，餘皆濃淡肥瘦，斜正分明之類斷之。

筆法筌蹄

凡書字法，有濃淡肥瘦、長短闊狹、反覆順逆、曲直高低、小大軟硬、開合清濁、虛實凹凸、平正斜側、圓滿直牽、明白輕快、穩重挑趯、勾挽破碎、枯槁尖削、倒亂鶻突、孤露交加、肥滿尖瘦、剛健精神、艷冶氣勢、衰弱小巧、軟滿老硬、骨稜草率、開闔之分，各有一體，難以盡述，學者變化，知機其神。

歌曰：

筆畫穩重，衣食豐隆。筆畫平直，豐衣足食。
筆畫端正，衣祿鐵定。筆畫分明，決定前程。
筆畫圓淨，富貴無並。筆畫肥濃，富貴無窮。
筆畫潔淨，功名可決。筆畫輕快，諸事通泰。
筆畫剛健，力量識見。筆畫精神，必有聲名。
筆畫光發，榮顯通達。筆畫氣勢，慷慨意志。
筆畫寬洪，逞英逞雄。筆畫尖小，其人必了。
筆畫如線，有識有見。筆畫似繩，一世平寧。
筆畫挑剔，奸巧衣食。筆畫烏梅，面相恢恢。
筆畫懶淡，兄弟離散。筆畫分掃，破家必早。
筆畫彎曲，奸巧百出。筆畫迭蕩，一生浮浪。
筆畫枯槁，財物虛耗。筆畫糊塗，愚蠢無謀。
筆畫黏滯，是非招怪。筆畫大小，有歉有好。
筆畫高低，說是說非。筆畫淡泊，瘡痍剋剝。
筆畫反覆，心常不足。筆畫破碎，家事常退。

筆畫欹斜，飄泊生涯。筆畫愚濁，無知無學。
筆畫如蛇，常不在宅。筆畫偏側，衣食斷隔。
筆似鼓槌，至老寒微。筆勢如針，此人毒心。
筆勢勾斜，官事交加。筆勢如鈎，害人不休。
筆勢散亂，財穀絕斷。筆格常奇，訣以別之。

奴婢

恰似霜天一葉飛，畫如木檐兩頭垂。
畫輕點重君須記，定是前趨後擁兒。

陰人

陰人下筆意如何，只為多羞膽氣虛。
起處恰如針嘴樣，卻來下筆定徐徐。

隔手

隔手書來仔細詳，是他紙墨字光芒。

更看體骨蘇黃格，淡有精神是貴郎。

視勢

每遇人寫來，必別是何字。如天字，乃是夫字及失字基址。女人寫妨夫，男子寫有失。

象人

凡字必別是何人寫，亦象人而言。如天字，秀才問科第，今年尚未，當勉力讀書，來年有名望及第。官員求官亦未，勉力政事，主來年得人薦舉受恩。若庶人占之，病未安，用巫方愈。訟者未了主費力，必被官劾斷之。

天加直成未，再加點成來，來力成其剌。

有所喜

如問財見金寶偏旁及禾斗之類，決好。

有所忌

如問病見土木，及問訟見血井字，皆凶。

有所聞

如問病，忌聞悲泣聲，占財不宜破碎聲。

有所見

如立字，見雨下或水聲則成泣字。

又如言字，見犬成獄字，問病訟皆忌之。

以時而言

如草木字，春夏則生旺有財，秋冬則衰替多災，風雲氣候之類亦然。

以卦而斷

如震字，春則得時，冬則無氣，皆以其卦言之。

以禽獸而斷

如牛字，則為人勞苦，春夏勞苦，秋冬安逸。

取類而言

如樓字，筆畫多，不可分解，以樓取義，乃重屋也，重屋拆開，乃千里尸至，問字人必有人死在外，屍至之事。

以次而言

如字先寫筆畫，喜則言吉，次則言凶，又次則言半凶半吉，以次加減，亦察人之氣也。

當添亦添

且如官員寫尹字，乃君字首，斷其人必見上位，定不祿而還，以君無口故也。如書君字，乃是郡旁，其人當得郡。

當減亦減

如樹字中有吉字，寫得好者，則減去兩邊，只是言吉。

筆畫長短

如吉字，上作士字，終作士人。如作土字，乃口在下，問病必死。若身命屬木，自身無妨，屋下木土生，不過十日必亡。

如常字，上作小字，只是主家內小口灾，不為大害。若上草作小，如此寫乃是灾字頭。中乃門字，下是吊字，主其人大災患臨頭，弔客入門，大凶。然亦須仔細，仍觀人之氣色，象人而言，如土人氣色黑惡，其人必退。若土命者，必死，俱不過十日。

偏旁侵客

如宀字乃家頭，如宀寫乃是破家宅，無其家，必退。如此山寫[1]，必興門

1 如果宀寫成像山的形狀，那麼就可以自立門戶。但山如果有缺筆，則大凶。

戶，乃是山字形，如山有缺筆，乃是懸針之山，必大凶也。

字畫指迷

如人字，正人作貴相，睡人作疾病，立人傍作托人，雙人傍作動人，其人逆多順少。从作兩人相從，㐺作群黨生事，坐人作阻隔，更作閑作人。

如申字，作破田煞，常人不辨破田之說，用事重成之義也。

如田字，藏器待時，頭足有所爭，爭而有所私，忌田產不寧。

如彐字，作橫山取之，衣祿漸明矣，又作日間破防。

如黃字，作廿一後方得萌芽，又作廿一用可喜也。又云上有一堆草，中有一條梁，撐殺由八郎。

如言字，有謀有信取之，如草之作木取之，心不定也。

如心字，三點連珠，一鈎新月，皆清奇之象。或豎心性情，作小人之狀，近身作十字，作穿心六害取，凡百孤獨。如寸字，亦心也，一寸乃十分，為人有十分之望，謀望有分付也。又作一十取之。

如辛字，乃六七日內見，立用干求，遠作六十一日，或云有幸相成也。

問婚姻

凡事寫得相粘者，可成。又字畫直落成雙者，可成。字中間闊而不粘，及直橫成雙者，偏傍長短者不成。

凡寫字得腳勻齊者皆就，字四齊者尤吉。字上短下長者，日久方成。字乾上有破，父不從。坤宮破，母不從。左邊長者，男家順，女家不肯。右邊長者，女家順，男家未然。

官事

或見文字，或字腳一丿一乀破碎，斷有杖責。或見牛字，有牢獄之憂。主人大失，或木筆開口者，亦有杖責。字畫散亂者，易了。或有丿乀長者聳者，亦有杖刑。或見杖竹之類，亦有打兆。

火命人寫水字來問，必有官災。或字有草頭者，說草頭姓得力之類。

疾病

金筆多，心肺痰，臟腑疾，西方金神為祟。

木筆多，心氣疾，手足疾，木神林壇為祟。
水筆多，瀉痢吐嘔之症，水鬼為凶。
火筆熱潮，傷寒時行，火鬼為怪。
又云四肢疼，時氣疾病。火筆多者，病不死。
土筆多，脾胃兼瘡疾，客亡，伏尸鬼，疼痛之疾。土筆多者，病死。
凡有喪字，虎字頭，或兩口字者，皆難救。

六甲

字凡有喜字吉字體者皆吉，字凡帶白虎筆，難產，子必死。寫得粘者，易產。字畫纖斷者，主有驚險。字有螣蛇筆者，主虛驚。字畫直落成雙者女喜，成單者男喜。

求謀

凡事寫得中間闊者，所謀無成。謀字寫得相粘者，二十四五前成，蓋有隔字體故也。求字來問者，木命人吉，土人不利。

行人遠信

如行字寫得腳短，一般齊者，人便至。字腳或不齊，行人皆不至。字畫直落點多者，其人必陷身。字畫少者，人便至。乃詳字體格範。

官貴

凡事有二數，一點當先者無阻，事濟。所寫之字相粘伶俐者，貴人順。點多者，事不成。

失物

凡字有失字體及字中，皆難覓。朱雀動，有口舌，日久難尋。金筆多，艮上有破五金之物，宜速尋。土筆多，坎上有破碎之物，在北方古井，或窯邊，及坑坎之所，瓦器覆藏，五日見。坤上有一鈎者，乃奴婢偷去，不可取得。兑上不足，乃妻妾為，腳帶金，人將去。離上一畫不完者，乃南方火命人將去，見官方，失物仍在。

問壽

字畫寫得長而瘦者，壽耐久，如肥壯者耐老，若短促者，無壽。

功名

字要貴人頭者，有功名。字金筆多端正，及木筆輕而長者，皆貴。

行人

人字潦倒，未動。寫得人字起者，已動。人以「來」字問者，未至。「行」字問者，且待。凡字中有「言」字者，有信至，人未至也。

反體

喜字來問者，未可言喜，有舌字腳。有以慶字來問者，未可言慶，有憂字腳。星字來問者，日在上，星辰不見，問病必凶。

大凡文人不可寫武字。武人不可寫文字，陰人不可寫陽字，陽人不可寫陰字，皆反常故也。

六神筆法

ノ乀：青龍木　メ：朱雀火　勹：勾陳土

：螣蛇（無正位）　几：白虎金　ム：玄武水

蠶頭燕額是青龍，兩筆交加朱雀凶。

玄武怕他枯筆斷，勾陳回筆怕乾宮。

螣蛇草筆重重帶，白虎原來坤位逢。

此是六神真數訣，前將斷語未流通。

六神主事

青龍主喜事，白虎主災喪，朱雀主官司。

勾陳主留連，螣蛇主妖怪，玄武主盜賊。

六神都靜，萬事咸安。

莫交一動之時，家長須憂不測。若非財散，必主刑囚獄訟。

青龍形式

乁ノ青龍要停勻，百事皆吉。
青龍筆動喜還生，謀用營求事事通。
人口增添財祿厚，主人日下盡亨通。

朱雀形式

乂朱雀臨身文書動，主失財，有口舌，生横事，忌惹人，有憂驚之事。
朱雀交加口舌多，令人家內不安和。
若逢水命方無怪，他命逢時有怨痾。

勾陳形式

勹勾陳主驚憂之事，遲滯，忌土田，是非未決，并惹閑非。
勾陳逢者事交加，謀事中間件件差。
田宅官司多撓括，是非門內有喧嘩。

騰蛇形式

凡騰蛇主憂慮，夢不祥，作事多阻，有喧爭，惹舊愁，宜守靜。

騰蛇遇者主虛驚，家宅逢之盡不寧。
出入官謀宜慎取，免教僕馬有災刑。

白虎形式

凡白虎主有不祥之招，產病，有孝服及官鬼，惹口舌，在囚獄。

白虎逢之災孝來，出門凡事不和諧。
更防失脫家財損，足疾憂人百事乖。

玄武形式

厶玄武貴人華蓋，主盜，財亦難尋。

玄武動時主失脫，家宅流離慎方活。
更防陰小有災危，又至小人生拮括。

筆畫犯煞[1]

卌風麟　丅斷伏　口活法　丁用煞　ヨヨ連（圖帶）　曰隔伏　丆欹伏

丁衝伏　丁懸針　◎沖伏　𠃌流金　乁活金　乙伏曲　ㄋ曲伏

口死金　𠃌活火　レ死火　ゐ騰蛇　一死土　㊉蛇土　㓁隔伏

玄黃筆法歌

厂反

反旁無一好，十個十重災。傍裏推詳看，臨機數上排。

夊走

走邊字如何，須防失脫多。若還來問病，死兆不安和。

子系

系絞同絲絆，幹事主留連。卻喜財公問，傍看日數言。

1 此節犯煞之筆畫傳本相當分歧，莫衷一是。且多是手寫之筆畫，難以考證對錯。還有待學者深究。此以《古今圖書集成》收錄的《新訂指明心法》為主。

阝卩

附邑旁邊事，當從左右推。兑宮知事定，震位事重為。

灬一

四點皆為火，逢寅過于通。若還書一畫，百歲盡成空。

亻彳

卓立人傍字，謀為倚傍成。若還來問病，死去又逢生。

之辶

之繞身必動，看其內必凶。問病也須忌，其餘卻少通。

𢎘弓

弓伴休乾用，反處口難憑。先自無弦了，如何得箭行。

山宂[1]

宂下災禍字，占家更問官。更推從來用，凶吉就中看。

くン

兩點傍邊字，還知凝滯攢。要問端的處，傍取吉凶看。

---

1 《古今圖書集成》「宂」作「穴」。

呂叩

雙口相排立，因知慟哭聲。各逢於戈日，亦主淚如傾。

戶尸

戶下屍不動，休來占病看。其餘皆是吉，即斷作平安。

阝阜

阜邑傍邊字，當為仔細推。兌宮知事息，震位又重為。

衣禮

禮字傍邊折，必定見生財，疋字如逢見，須從人正來。

月骨

骨傍人有禍，囚獄一重來。門內生荊棘，施設不和諧。

身自

自家身傍限，分明身不全。有謀難得遂，即日是多煎。

反定

定遶自來看，身必有所動。吉凶意如何，相裏臨時用。

山山

山下災祥字，占家宜用官。更推從西用，凶吉數中安。

人欠

欠字從西體，須知望用難。吹嘘無首尾，不用滯眉看。

禾禾

禾邊山則刑，春季則為殃。夏日宜更改，人中好舉揚。

耳耳

耳畔雖有紀，輕則是虛聲。旺事宜重用，取謀合有成。

五行體格式[1]

水筆式

○水圖多性巧。濁者定昏迷。水泛為不定。水走必東西。

火筆式

火重性不常。山火燥見災殃。彡火多攻心腹。火輕足衣糧。

1 此節之筆式傳本相當分歧，莫衷一是。且多是手寫之筆畫，難以考證對錯。還有待學者深究。此以《古今圖書集成》收錄的《新訂指明心法》為主。

土筆式

一土重根基好。一土輕離祖居。フ土滯破田宅。乁土定無虛圖。

金筆式

口金方利身主。亻金重性多剛。ㇷ金走為神動。已慊慨及門牆。

木筆式

丨木長性聰明。丨 木短定功名。川木多才學敏。㇒㇒木斜廢支撐。

時辰斷

看字先須看時辰，時辰剋應不相親。
時辰若遇生其用，作事何憂不趁心。
此字中第一要緊用也。

起六神卦訣

甲乙起青龍，丙丁起朱雀。
戊日起勾陳，己日起螣蛇。
庚辛起白虎，壬癸起玄武。
附例（今以甲乙丙丁日附載為式，餘倣此）

	六爻	五爻	四爻	三爻	二爻	初爻
甲乙日例	玄武	白虎	螣蛇	勾陳	朱雀	青龍
丙丁日例	青龍	玄武	白虎	螣蛇	勾陳	朱雀

辨別五行歌

一

橫畫連勾作上稱，一挑一捺俱為金。
撇長撇短皆為火，橫直交加土最深。
有直不斜方是木，學者方明正五行。

二

一點懸空土迸塵，三直相連化水名。

孤直無依為冷木，腹中橫短作囊金。

點邊得撇為炎火，五行變化在其中。

三

三橫兩短若無鈎，乃為濕木水中流。

兩點如挑金在水，八字相須火可求。

空雲獨作寒金斷，好已心鈎比木舟。

四

無勾之畫土稍寒，直非端正木休參。

圍中橫滿無源水，口小金方莫錯談。

四匡無風全五事，用心辨別莫疑難。

五

穿心撇捺火陶金，走之平穩水溶溶。

直中一捺金傷木，踢起無尖不是金。

數點筆連休作火，奇奇偶偶水源清。

六

無直無鈎獨有橫，水因土化復何云。
點挑撇捺同相聚，共總將來化土音。
四點不連真化火，孤行一筆五行同。

辨別六神歌

蠶頭燕頷是青龍，尖短交加朱雀神。
灣弓斜月勾陳象，螣蛇長曲勢如行。
尾尖口闊為白虎，體態方尖玄武行。
此即六神真妙訣，斷事詳占要認真。

五行歌并式

木瘦金方水主肥，土形敦厚背如龜。
上尖下闊名為火，字像人形一樣推。

木式

〔一〕有直不斜方是木，即此是也。凡字有木，不偏不倚始為木。若無倚靠上下左右者，此係冷木。故云：直無倚為冷木。另作別看。

〔三〕此乃濕木也，歌曰：三橫兩短又無鈎，乃為濕木水中流。此土化水也。如聿字下三橫，春字上三橫，皆為濕木。凡有鈎之橫，及三橫不分長短者，皆非木也。

〔乙〕此舟船木也，象如勾陳，屬土。邵子云：好把心鈎比木舟，故借作舟船木用。如占在水面上行等事，即作舟船木用。如占別用，論勾陳，仍作土看，在占者臨時變化，切不可執一而論也。

〔乂〕此木被金傷也，一樣屬金，故云：直中一捺金傷木，凡占得此木為用傷者，皆主不得其力也。

【干支辨】

直長為甲亦為寅，細短均為乙卯身。

孤直心鈎兼濕木，干支無位不須論。

〔車〕假如車字，中央一直，徹上徹下，強健無損，則屬陽。所以為甲木寅木，餘皆倣此。

〔幸〕如幸字，上一直，下一直，皆短弱，屬陰，所以作乙木卯木論也。凡一直細弱不健，即長如車之直，亦作乙卯木看。其心鈎舟船木，并三横兩短木，一概不在干支論，因其不正故也。

火式

〔丿〕撇長撇短皆為火，此式是也。

〔丷〕點邊得撇為炎火，此即是也。要一點緊緊相連始合式，如不聯屬，點仍屬水火，非炎火看也。

〔八〕八字相須火可求，此餘火也。如八字，捺長則一撇為火，一捺另作金看。

〔灬〕四點不連真化火，此真火也。如四點筆法牽連不斷，則屬水，非火論也。

【干支辨】

撇長丙巳短為丁，午火同居短撇中。

八字螣蛇兼四點，天干不合地支衝。

〔盧〕假如盧字撇長，則取為丙火巳火用，丙巳屬陽，故用撇長者當之，餘倣此。

〔從〕如從字，撇多皆短，則取為丁火午火用，丁午屬陰，故用短弱者當之。邵子之作，皆有深理存焉，餘仿此。如八字四點之類，皆火之餘，不入干支論。

土式

〔一〕此橫畫連鈎作土稱是也，如用畫無勾，直無撇捺相輔，此為寒土化水用，故無直無鈎獨有橫。土寒化水復何云也。如二字且字竺字之類也，如血字土字，與直相連，仍作土看。

〔十〕歌云「橫直交加土最深」，即此是也。凡橫書有一直在內為木，非深厚之土，不能培木，所以云土最深也，餘倣此。

〔丶〕歌云「一點懸空土迸塵」，此乃沙塵土也。凡求字戈字末後一點，皆是。如文字章字當頭一點屬水，不在此論。涼字減字起頭一點，亦屬水，不在此論。

〔一〕此無勾之畫，為寒土，解見前。

〔八〕此點挑撇捺同相聚，共總將來化土音，作土看。

【干支辨】

橫中有直戊居中，畫短橫輕作己身。

末點勾陳皆丑未，長而粗者戊辰同。

〔聿〕假如聿字之類，第二畫長，末後一畫長，餘畫皆短，明長者為陽土用，短者為陰土用，必取橫中有直者為準，如無直者，及無依輔者，另看輕細，雖長，亦作陰土。

〔求〕假如求字之點，可作己土丑未用。其挑撇點捺同相聚，無名之土，不入於干支之論也。

金式

〔㇀〕歌云「一挑一捺俱為金」，即此是也。挑起定要有鋒尖，始為金。如踢起無尖，又非金看也。

〔㇏〕捺要下垂始為金，如走之平平，又變水看矣。學者辨之，不可不明。

〔口〕口小金方，即此是也。如因字國字匡字，四匡大者，皆非。

〔目〕歌曰「腹中橫短是囊金」，假如目字中兩橫短，而作囊內之金看。如兩橫長滿者，乃圍中橫滿無源水，又不作金用也。如目中用兩點，非橫者，亦是水，非金也。餘倣此。

〔氵〕此兩點加挑，金在水，云金，乃水中之金也。

〔几〕此空雲獨作寒金斷，乃寒金也。

〔乂〕穿心撇捺火陶金，此金在火中也。

【干支辨】

口字為庚亦作申，挑從酉用捺從辛。

空頭頑鈍囊金妙，不在干支數內尋。

〔喜〕假如喜字，上下兩口皆屬陽，取其方正故也，俱為庚金申令用。

〔扒〕假如扒字，挑才一挑，取為酉用。八字一捺，取為辛用。因其偏隘，故作陰金用，餘倣此。

水式

〔丶〕此一點當頭作水稱，乃雨露水也。歌出邵子舊本，又云「有點筆清皆作水」，云有點屬水也。又「一點懸空土迸塵」，點在末後，一點化水。解見前。四點相連，又化作火，亦見於前解也。

〔川〕此三直相連化水，取川字之義也。

〔曰〕此字中央一滿畫，乃無源之水也，如畫短不滿者，不是水，另作別看。

〔辶〕此走之平穩，水溶溶，捺不下垂，故作水看也。

〔灬〕此數點相連，野水也。即四點筆跡不斷，亦作水看。

〔一〕此土寒化水也，凡有依附者，即非，仍作土看也。

【干支辨】

點在當頭作癸稱，腹中為子要分明。
點足為壬腰作亥，餘皆野水不同群。

〔文〕假如文字一點，即為癸水。癸水乃雨露之源，因其在上故也，餘倣此。

〔月〕假如月字腹中之點，即為子水，因其在內故也。凡勺字自字等字皆同用，餘倣此。

〔景〕如景字中央一點，乃亥水。下二點，為壬水，故點足為壬腰作亥，取江河在下義也，餘倣此。

卷五：拆字篇下

五行全備

一點一畫五行全，試看首尾秘為占。

點畫若無疵筆露，功名發達享高年。

〔、〕如一點端正，無破綻、鴉嘴等形，則是五行全。如不合式，仍屬水。

〔一〕亦五行全，此象乃庖羲氏畫卦之初，而混元一氣之數也。

〔〇〕此太極未分時，亦五行全大之象也。

〔口〕歌曰：四匡無風全五行，是亦五行全也，如國字園字之類，四匡緊緊不透風，乃是。如筆稀者，不是。口小者屬金，亦不是，此地之象也。

六神形式

【青龍】

ノ 乁

蠶頭燕頷是青龍，凡撇捺長，而有頭角之樣，即作青龍。如撇短，則不足。

如成青龍之式，不拘撇捺，皆化木，如無鬚角，雖長亦非青龍。

【朱雀】

㐅 丿

尖短交加朱雀神，撇短而有尖嘴之形，則為朱雀。主文書事，原屬火無化。

【螣蛇】

乙 乞 孔 叉

螣蛇長曲勢如行，其樣如蛇，皆化火看，亦主文書，及驚怪等。

【勾陳】

勹 乚 乁

灣弓斜月勾陳象，凡帶長者是也，屬土無化，主羈滯。

【白虎】

兄 几 壬

尾尖口闊方為虎，口不開者，非虎也，化作金用，主疾病，凶之兆也。

【玄武】

ㄙ　ㄙ　ㄠ　云

體態方尖玄武形，化木主盜賊事，又主波浪險阻等事。

八卦辨

口形為兑捺為乾，三畫無傷乾亦然。
三點同來方是坎，撇如雙見作離占。
土山居上名為艮，居下為坤不必言。
蛇形孤撇皆從巽，雲首龍頭震占先。
詳明八卦知凶吉，學者參求理自全。

貴神

中　上　貝　日　月　大　人

喜神

士口言鳥

福星

不田凡子孫動者，亦作福星看。

文星

二乂曰子

印星

E卩口子

馬星

丁灬辶走

祿神

甲祿在寅，乙祿在卯，丙戊祿在巳，丁己祿在午。
庚祿在申，辛祿在酉，壬祿在亥，癸祿在子。
俱以占者年庚本命，于求之筆畫為準。
如甲命人，即以字中長直為祿、餘倣此。

會神

田　曰　云　禺

生神

一　、　元　甲　子　初

蓋一者數之始、元者洪濛之初。甲子者乃干支之首，故皆為生神之用也。

亡神

十　千　百　萬　貞　亥　癸

十千百萬皆數之終，貞乃元之盡，亥癸是干支之末，故為亡神。

家神

宀毛火（灶神，以四點同）土（土者奧神是也）堂（堂者香火神也）水（水者井神等。三點亦同用）

官符

宀付𠂇

文書

二乂丿乙　朱雀螣蛇皆是

災煞（即病符）

巛宀火广丙矢（字中見舊太歲，亦為病符星）

天狗煞

字中見太歲，前年干支是也。（如子年見戌，甲年見壬皆是）

科名星

禾　斗（以本人年甲所屬是科名，如甲乙以一直，丙壬以一撇，皆科名也。餘倣此）

喪門

白　亦　区　兄

空亡

即六甲空亡，甲子旬中空戌亥之類是也。（假如甲子旬中空占，即以腰間一點為亥空，以長畫為戌空。餘倣此。）

宜神

子為財之宜神，鬼為父之宜神，兄為子之宜神，財為鬼之宜神，父為兄之宜神是也。

忌神

子為鬼之忌神，鬼為兄之忌神，兄為財之忌神，財為父之忌神，父為子之忌神是也。

主神

眼前小事日干尋，代友占親看納音。
疾病官非詳本命，字中末筆主終身。
假如占眼前出行、求財等事，俱以日干生剋字中筆畫為主，如替人問事，以本日納音為主。如疾病官非，又以本人年干為主，如占自己終身，俱以末後一筆為主，看生剋衰旺，而詳占之。

用神

官鬼父母才兄子，據事參詳要仔細。
認定一筆作用神，此為相字真消息。

假如占功名用官鬼，占生意用財爻，據事而取用神，只以一筆為主。詳其旺相休囚，以定吉凶。

七言作用歌

用神加值五行真，謀望營為百事成。
疾病官非兼口舌，縱逢凶處不成凶。

此金木水火土，真字皆宜用，乃五行真也，諸事皆利。

年干所屬是科名，未斗皆為首占星。
有此求名皆遂意，如無考試定成空。

凡占科名，必要科名入數，再兼官鬼文書動而旺相，科名可成，如無科名莫許。

求名之數祿神臨，始斷今科考事與。
若遇科名同在數，自然高薦遂生平。

祿神，即甲祿在寅是也。

有田有日會神輿，見客逢人不必尋。
馬星原是灣弓腳，四點原來用亦同。
凡謁貴尋人，俱要會神，行人俱要馬星妙。

士頭口體喜神俱，嫁娶婚姻百事宜。
只怕重重見火土，許多剋伐反非奇。
士屬土，怕木。口屬金，怕火。所以見木土，反非吉也。

筆清墨秀琢磨深，方正無偏必縉紳。
疾走龍蛇心志遠，行藏慷慨位三公。

又

字兼骨格有精神，窗下工夫用得深。
筆跡豐肥金見火，詩書隊裏久陶鎔。

又

金木重重見貴神，筆揮清楚主聰明。
聳直一行銜寶蓋，富貴榮華日日新。

又

方圓端正筆無塵，年少登科入翰林。

只恐弱木逢金剋，纏身疾病不明萌。

又

木形之字有精神，可云發達耀門庭。

火多年少心多燥，水盛為人智必清。

又

一直居中勇更明，少年黽勉得功名。

末筆再逢金土厚，為官享祿更廉明。

又

筆端勢小事無成，粗俗須知業不精。

起頭落尾如鶯嘴，心裏奸謀刻薄人。

又

土形之字活而圓，用神清楚是英賢

筆頭到底無間斷，一家榮耀有餘錢。

又

字貶無神筆更聯，公門吏卒度餘年。
勉強操觚無實學，欺人長者被人嫌。
又
戰兢惕厲若臨淵，靜裏修持反有年。
寫筆果然無俗氣，終須榜上有名填。
又
日月當頭筆跡強，精神骨格字無傷。
國家樑柱何消息，更有奇衷佐聖疆。
又
衣食身傍黑帶濃，最嫌軟弱與無神。
字中人口如枯暗，莫待長年主惡終。
又
下筆頭高志必雄，落頭不是正經人。
尖頭禿尾人無智，老死衙門不得名。
又
一字忙忙寫未全，有頭無尾不須言。

作事率然多失錯，琢磨早失在當年。

又

字無骨格少精神，一生多耗病沉沉。

問名帶草索連就，滿腹文章亦落空。

又

草寫香花定主貧，弱軟乾枯受苦辛。

於中若是為官客，幾日新鮮一旦傾。

比例歌

一

斗日來占事不差，無心書鬼狀元家。

功名第二推為政，死字登科作探花。

二

辰時執筆若書才，大振聲名事必來。

正午書言真是許，水旁寫半見釁開。

三

逢三書八士能成，照例推之理便通。
申車不亂推聯捷，數逢三一始為真。

四

二人同到讀書余，一定其間事必徐。
問失執金知是鐵，始為一舉反三隅。

此例之類，不過詳其理也。暫錄四首，為後學之門，餘倣此。

西江月

要見卦爻衰旺，端詳其內章圖。欲知事物識天機，細把玄黃篇記。
臨占觀形察物，叶音即義斷之。若逢王者世為奇，君免猜疑直示。

易理玄微

昔李淳風占赤黑二馬入河，人問二馬何先起？有人演得離卦，云：「離為火，火赤色，赤馬先起。」李曰：「火未然，煙先發。黑馬先起。」果然。

斷扇占

昔有一婦，其夫久客不歸，因請李淳風先生求斷易數，適值他出。問其子，其子見婦手中攜一扇，其扇面忽然落地。因斷曰：「骨肉分離，不得相見矣。」婦泣而歸，恰路遇李淳風先生，婦訴其故。李斷曰：「穿衣見父，脫衣見夫，不妨。爾夫今日必到。」將晚，果然至家。可見各解不同，其斷精微如此。

買香占

酉年八月二十五日午時，有楊客賣香。康節曰：「此香非沉。」客曰：「此香真不可及。」康節曰：「火中有水，水澤之木，非沉香也，恐是久陰之木，用湯藥煮之。」客怒而去。半月後，有賓朋至，云是清尾人家做道場，沉香偽而不香。康節曰：「香是何人帶來，但問其故，我已先知之矣。」伯溫令人去問，果是楊客。康節曰：前日到門首，因觀之，未問之前，先失手。其香墜地，故取年月日時占之，得睽之噬嗑。睽下卦屬兌，兌為澤。噬嗑下卦屬震，震為木，乃水澤之木，即非沉香。睽卦上互得坎，坎為水，下互得離，離為火，上有水，即湯。噬嗑卦上互見坎，坎為水。下互見艮，艮為山，中有水，亦澤之象。此乃水澤久損污濕之木。以湯煮之，此理可曉。從此大小事，不可不校其時也。

古人相字[1]

昔謝石以拆字名天下，宋高宗私行遇石，以仗於土上畫一「一」字，令相之。石思之曰：「土上加一畫，成王字，必非庶人。」疑信之間，帝又畫一問字，令相之，為田土所梗，兩旁俱斜側飄飛。石尤驚曰：「左看是君字，右看是君字，必是主上。」遂下拜。上曰：「毋多言。」石俯伏謝恩。帝因召官之。次日，召見偏殿，書一春字，命相。石奏曰：「秦頭太重，壓日無光。」上默然。時秦檜弄權，適忤檜，竟貶之邊地，途中遇一女子，云能拆字。石怪曰：世間復有如我拆字者乎？遂書謝字，令相之。女曰：「不過一術士耳。」石曰：「何故？」女曰：「是寸言中立身爾。」石又書一皮字，令相。女曰：「石逢皮即破矣。」蓋押石之卒，即皮姓也。石大驚服。石曰：「吾亦能相字，汝可畫字，吾相之。」女曰：「吾在此，即字也，請相。」石曰：「人傍山立，即仙字，汝殆

1 今本《梅花易》四、五兩卷原為《拆字數》及《新訂指明心法》兩書內容，但原書無〈古人相字〉一節。《古今圖書集成》收錄的《新訂指明心法》後附有《拆字部紀事》，收錄許多拆字故事。〈古人相字〉故事皆摘錄自《拆字部紀事》。

仙乎。」女笑而忽失。蓋世有妙術，術有妙理，在人心耳。然數定，固莫能逃也，後石竟不返。

張乘槎善相字，浙江舊有拱北樓，王參政蒞浙，改為來遠樓。初揭匾，命槎占之。槎曰：「殀矣，尚何占哉。」是晚，訃音果至。異日叩之故，槎曰：「豐字之形，山者，墓所也。二丰者，冢上樹也。豆者，祭器也。其兆如此，豈非死乎。」[1]

劉嘗心有所欲占，延槎而不言其事，但令射之，以驗其術。槎曰：「書一字，方可占。」適有小學生在旁習字，正寫千字文，至「德建名立」一句，劉就指德字令占之。槎曰：「子欲占行人耳。」劉曰：「然，何時當至？」槎曰：「自今十四日必來。」劉曰：「恐事不了，不肯來。」槎曰：「一心要行。」悉如所占。劉問故，槎曰：「德字雙立人，乃行人也，故知占行。傍有十四字頭，故云十四日。其下又有一心字形，所以云一心要來也。」

裴晉公征吳元濟，掘地得一石，有字云：「雞未肥，酒未熟。」相字者解

1 這個故事情節錯亂，因為混雜了兩個不同故事。張乘槎解「來遠樓」原文為：「來者喪字形，遠者哀字形也。旁之二點相續者，淚點也。」而文後解「豐」字則是元朝張德元的故事。《浙江通志》載，張德元朋友生病，以「豐」字來求解，斷為明日會死，即此段的「豐」字拆字。

曰：「雞未肥，無肉也，為己。酒未熟，無水也。酒去水為酉，破賊在己酉。」果然。

唐僖宗改為廣明元年，相字者曰：「昔有一人自崖下出來，姓黃氏，左足踏日，右足踏月，自此天下被擾也。」是年黃巢在長安作亂，天下不安。

宋太宗改元太平興國，相字者曰：「太平二字，乃一人六十壽也。」太宗果享年六十而崩。

周尚幹年終將換桃符，製十數聯，皆不愜意。周梅坡扶箕降紫姑仙，得兩句云：「門無公事往來少，家有陰功子孫多。」甚喜，大書於門。相字者曰：「每句用上三字，其兆不祥。」上句云門無公，是年尚幹卒于官，乃父致政亦卒，乃兄卒，俱無子。門無公，家有陰，兆于先矣。

斷富貴貧賤要訣

凡字寫得健壯，其人必發大財，有田土好產。二畫一點者，多貴，為官食祿，不然，亦近貴。才字中或多了一畫，一丿一乀，亦主橫發財祿，多遇異貴，得成名利，或少了一畫一丿一乀，其人破蕩棄祖，自立成敗。

如名目字，寫得如法，正當無缺折者，其人有名分。

筆多清貴虛名。

上筆多富而貴。

字中有畫，當短而長，其人慷慨，會使錢，近貴。

字畫直長而短，其人鄙吝，一錢不使。

字有懸針，或直落尖，皆刑六親，傷害妻子。

橫畫兩頭尖者，傷妻。

直落兩頭尖者，傷子。

字捩畫少者孤，捩畫不沾者亦孤，為僧或九流。

如見十字兩頭尖者，穿心亦害，刑妻子兄弟，骨肉皆空。

字中點多者，主人淫濫漂蕩，貪花好色，居止不定。

十字下面脚不失者，晚得子力。

如見上一畫重者，平頭殺，亦難為六親。輕者，初年不足，中末如意。或點重者，為商旅發財，離鄉失井，出外卓立。

若水命金命見點畫輕者，或早年有水災。捩者無安身之地，作事成敗，主惡死不善終。

直落多者，聰明機巧，為手藝之人，白手求財。

畫多者，必有心脇脾胃之疾，木多有心氣之疾，晚年見之。

寫口字或四圍有口開者，有口舌，旬日見之，或破財不足。

發字頭見者，末主發財。

一字分作三截，上中下三主斷之。

士頭文脚，主有文學。

金筆靈，或見于干戈字脚者，必是用武之士。

凡婦人寫來字畫不正者，必是偏室，或帶三點，必有動意，如三之類。

凡寫字之人，偶然出了筆頭，此事破而無成，或近火邊寫字，必心下不寧。

或寫字用破器添硯水，家破人亡。

或寫字時，犬來左右吠，不吉。

或取紙來寫，破碎者，主有口舌。

或寫字時貓叫，此人有添丁之喜。

或在樓上寫來，問者有主重疊之事。

或在船上寫來，主有虛驚。

或扇上寫來，問夏吉，冬不吉。

如本命屬金，金筆多者貴，土筆多者富。五行生剋亦然，餘倣此。

五行四時旺相休囚例

	春	夏	秋	冬	四季之月
旺	木	火	金	水	土
相	火	土	水	木	金
休	水	木	土	金	火
囚	土	金	木	火	水

五行相生地支

木生在亥　火生于寅　金生于巳　火土長生居申

天干地支屬五行

甲乙寅卯屬木　丙丁巳午屬火　戊己辰戌丑未屬土

庚申辛酉屬金　壬癸亥子屬水

論八卦性情

乾健也　坤順也　震起也　艮止也
坎陷也　離麗也　兌說也　巽入也

八卦取象

乾為天　坤為地　震為雷　巽為風
坎為水　離為火　艮為山　兌為澤

六十甲子歌

甲子乙丑海中金，丙寅丁卯爐中火。
戊辰己巳大林木，庚午辛未路傍土。
壬申癸酉劍鋒金，甲戌乙亥山頭火。
丙子丁丑澗下水，戊寅己卯城頭土。
庚辰辛巳白臘金，壬午癸未楊柳木。
甲申乙酉井泉水，丙戌丁亥屋上土。

戊子己丑霹靂火，庚寅辛卯松柏木。
壬辰癸巳長流水，甲午乙未沙中金。
丙申丁酉山下火，戊戌己亥平地木。
庚子辛丑壁上土，壬寅癸卯金箔金。
甲辰乙巳覆燈火，丙午丁未天河水。
戊申己酉大驛土，庚戌辛亥釵釧金。
壬子癸丑桑柘木，甲寅乙卯大溪水。
丙辰丁巳沙中土，戊午己未天上火。
庚申辛酉石榴木，壬戌癸亥大海水。

六十四卦次第歌

乾坤屯蒙需訟師，比小畜兮履泰否。
同人大有謙豫隨，蠱臨觀兮噬嗑賁。
剝復無妄大畜頤，大過坎離三十備。
咸恒遯兮及大壯，晉與明夷家人睽。
蹇解損益夬姤萃，升困井革鼎震繼。

艮漸歸妹豐旅巽，兑渙節兮中孚至。
小過既濟兼未濟，是為下經三十四。

繫辭八卦類象歌

乾為君兮首與馬，卦屬老陽體至剛。
坎雖為耳又為豕，艮為手狗男之祥。
震卦但為龍與足，三卦皆名曰少陽。
陽剛終極資陰濟，造化因知不易量。
坤為臣兮腹與牛，卦屬老陰體至柔。
離雖為目又為雉，兑為口羊女之流。
巽卦但為雞與股，少陰三卦皆相眸。
陰柔終極資陽濟，萬象搜羅靡不週。

渾天甲子定局

乾：壬戌土，壬申金，壬午火。上卦　甲辰土，甲寅木，甲子水。下卦
坎：戊子水，戊戌土，戊申金。上卦　戊午火，戊辰土，戊寅木。下卦

艮：丙寅木，丙子水，丙戌土。上卦　丙申金，丙午火，丙辰土。下卦

震：庚戌土，庚申金，庚午火。上卦　庚辰土，庚寅木，庚子水。下卦

以上四宮屬陽，皆從順數

巽：辛卯木，辛巳火，辛未土。上卦　辛酉金，辛亥水，辛丑土。下卦

離：己巳火，己未土，己酉金。上卦　己亥水，己丑土，己卯木。下卦

坤：癸酉金，癸亥水，癸丑土。上卦　乙卯木，乙巳火，乙未土。下卦

兌：丁未土，丁酉金，丁亥水。上卦　丁丑土，丁卯木，丁巳火。下卦

以上四宮屬陰，皆從逆數

右訣從下念上，一如點畫卦爻法，學者宜熟讀之。

後天時方

子陽辰丑陽戌巳下皆吉。

子日子罡起。滅跡四位申。五敗七破位。十禍日皆同。

甲子	子罡	丑墓	寅吉	卯滅	辰敗	巳吉	午破	未絕	申吉	酉禍	戌孤苦	亥空亡
乙丑	子吉	丑罡	寅敗	卯吉	辰禍	巳敗	午吉	未破碎	申凶敗	酉吉	戌滅	亥空
丙寅	子孤苦	丑吉	寅罡	卯敗凶	辰禍	巳滅	午破敗	未吉	申破	酉敗禍	戌滅空	亥空亡孤

丁卯	戊辰	己巳	庚午	辛未	壬申	癸酉	甲戌	乙亥	丙子	丁丑	戊寅	己卯	庚辰	辛巳	壬午
子滅	子滅	子吉	子破	子凶	子吉	子禍	子敗	子吉	子凶	子孤	子孤	子滅	子	子凶	子破
丑孤	丑孤	丑吉	丑吉	丑破	丑墓	丑墓	丑滅	丑凶	丑吉	丑罡	丑破	丑孤	丑禍	丑墓	丑孤
寅禍	寅凶	寅凶	寅吉	寅吉	寅破	寅吉	寅敗	寅禍	寅敗	寅吉	寅罡	寅吉	寅孤	寅滅	寅吉
卯罡	卯吉	卯孤	卯吉	卯吉	卯凶	卯破	卯害	卯破	卯禍	卯害	卯吉	卯罡	卯凶	卯孤	卯害
辰凶	辰敗	辰罡	辰滅	辰禍	辰吉	辰吉	辰破	辰孤	辰害	辰害	辰凶	辰吉	辰罡	辰吉	辰凶
巳吉	巳敗	巳罡	巳吉	巳凶	巳禍	巳吉	巳吉	巳破	巳破	巳敗	巳滅	巳凶	巳凶	巳罡	巳吉
午禍	午凶	午吉	午罡	午吉	午吉	午滅	午凶	午吉	午凶	午凶	午敗	午禍	午吉	午凶	午罡
未敗	未滅	未凶	未吉	未罡	未罡	未孤	未害	未敗	未吉	未破	未凶	未敗	未滅	未凶	未凶
申凶	申凶	申滅	申凶	申吉	申吉	申吉	申	申害	申空	申空	申破	申破	申敗	申害	申空
酉破	酉吉	酉敗	酉吉	酉吉	酉吉	酉孤	酉空	酉	酉破	酉殺	酉空	酉破	酉凶	酉敗	酉滅
戌空	戌敗	戌凶	戌空	戌滅	戌滅	戌空	戌罡	戌孤	戌孤	戌滅	戌凶	戌害	戌破	戌吉	戌敗
亥吉	亥空	亥破	亥敗	亥空	亥空	亥	亥	亥罡	亥凶	亥孤	亥	亥凶	亥凶	亥破	亥敗

	子	丑	寅	卯	辰	巳	午	未	申	酉	戌	亥
癸未	子吉	丑破	寅吉	卯吉	辰禍	巳孤	午吉	未罡	申空	酉吉	戌滅	亥敗
甲申	子敗	丑吉	寅敗	卯吉	辰吉	巳禍	午孤	未空	申罡	酉敗	戌吉	亥滅
乙酉	子禍	丑敗	寅吉	卯破	辰凶	巳吉	午滅	未空	申吉	酉罡	戌凶	亥吉
丙戌	子吉	丑滅	寅敗	卯吉	辰破	巳吉	午空	未禍	申孤	酉吉	戌罡	亥吉
丁亥	子敗	丑吉	寅禍	卯敗	辰吉	巳破	午空	未敗	申滅	酉孤	戌吉	亥罡
戊子	子罡	丑	寅吉	卯滅	辰敗	巳吉	午破	未空	申吉	酉害	戌孤	亥吉
己丑	子吉	丑罡	寅吉	卯凶	辰孤	巳敗	午空	未敗	申吉	酉凶	戌滅	亥孤
庚寅	子吉	丑凶	寅罡	卯吉	辰禍	巳滅	午罡	未空	申破	酉害	戌災	亥孤
辛卯	子禍	丑敗	寅孤	卯罡	辰吉	巳凶孤	午滅	未敗	申害	酉敗	戌凶	亥吉
壬辰	子凶	丑害	寅孤	卯害	辰罡	巳吉	午空	未滅	申破	酉凶	戌破	亥吉
癸巳	子吉	丑	寅滅	卯孤	辰破	巳罡	午亡	未敗	申害	酉空	戌害	亥破
甲午	子破	丑凶	寅吉	卯禍	辰孤	巳空	午罡	未吉	申害	酉滅	戌敗	亥吉
乙未	子吉	丑破	寅凶	卯吉	辰滅	巳孤	午吉	未罡	申敗	酉吉	戌害	亥敗
丙申	子敗	丑吉	寅破	卯凶	辰空	巳禍	午孤	未吉	申罡	酉敗	戌孤	亥滅
丁酉	子	丑敗	寅凶	卯破	辰罡	巳禍	午孤	未吉	申罡	酉罡	戌凶	亥吉
戊戌	子凶	丑敗	寅敗	卯吉	辰破	巳空	午凶	未敗	申孤	酉吉	戌罡	亥禍

	己亥	庚子	辛丑	壬寅	癸卯	甲辰	乙巳	丙午	丁未	戊申	己酉	庚戌	辛亥	壬子	癸丑	甲寅
子	吉	罡	吉	孤	滅	凶	吉	破	炁死	敗	禍	吉	福	罡	吉	孤
丑	凶	吉	罡	凶	孤	禍	凶	吉	破	凶	敗	滅	墓	墓	罡	空
寅	禍	吉	吉	罡		孤	滅	亡	空	破	空	敗	空	空	空	罡
卯	敗	滅	吉	凶	罡	禍	刑	害	敗	吉	敗	空	滅	滅	敗	吉
辰	空	敗	敗	凶	空	罡	凶	孤	滅	禍	墓	破	敗	敗	滅	墓
巳	破	罡	敗	滅	敗	吉	空	凶	孤	福	凶	凶	凶	凶	敗	破
午	吉	破	吉	敗	伐	凶	吉	罡	禍	孤	滅	吉	凶	破	吉	敗
未	凶	吉	破	吉	敗	滅	敗	吉	罡	凶	孤	禍	墓		破	吉
申		吉	吉	破	吉	敗	害	凶	吉	罡	吉	孤	禍	吉	凶	破
酉	害	禍	吉	凶	敗	敗	敗	滅	凶	吉	罡	凶	孤	禍	凶	墓
戌	孤	孤	滅	吉	吉	破	凶	敗	害	墓	凶	凶	吉	孤	害	吉
亥	罡	吉	孤	凶	吉	吉	破	凶	敗	滅	凶	敗	罡	敗	孤	禍

乙卯	子凶	丑空	寅吉	卯罡	辰墓	巳吉	午敗	未滅	申吉	酉破	戌滅	亥吉
丙辰	子空	丑禍	寅孤	卯吉	辰罡	巳吉	午吉	未滅	申敗	酉吉	戌破	亥吉
丁巳	子空	丑敗	寅滅	卯孤	辰吉	巳罡	午凶	未吉	申禍	酉敗	戌吉	亥破
戊午	子敗	丑空	寅吉	卯禍	辰孤	巳吉	午罡	未吉	申吉	酉滅	戌敗	亥吉
己未	子空	丑空	寅破	卯禍	辰滅	巳孤	午吉	未罡	申吉	酉凶	戌禍	亥敗
庚申	子敗	丑空	寅破	卯吉	辰凶	巳禍	午孤	未凶	申罡	酉吉	戌凶	亥滅
辛酉	子害	丑吉	寅凶	卯敗	辰吉	巳凶	午滅	未孤	申罡	酉凶	戌吉	亥凶
壬戌	子空	丑凶	寅敗	卯凶	辰破	巳吉	午凶	未凶	申孤	酉凶	戌罡	亥吉
癸亥	子空	丑失	寅害	卯敗	辰死	巳破	午吉	未凶	申滅	酉孤	戌墓	亥吉

八反格

問喜何曾喜，問憂未必憂。問樂何曾樂，問愁何曾愁。

問死何曾死（心懷死必活），問生不曾生。

問官官不諧，見財財不成。

四言獨步

看字之法，毫不可差。下筆是我，其餘是他。
子孫父母，官鬼要財。兄弟之類，次敘安排。
詳占一事，先看用神。或強或弱，詳斷吉凶。
用神健旺，事所必宜。用神衰弱，必失其機。
字無用神，始推末筆。末筆參差，諸事不立。
上頭中貝，日月大人。字中有像，便是貴人。
貴人在爻，禍事必消。逢險可救，財利必招。
左右有人，功名可許。筆法軒昂，上人薦舉。
求財取債，金忌火多。再逢夏月，本利消磨。
五行俱全，人事宜然。用神清楚，妙不可言。
相爭詞訟，字詳結尾。兩筆分明，勝負立剖。
字可平分，訟不成凶。人居圈內，縲絏之中。
青龍在數，求謀不誤。若無水來，反為無助。
玄武自來，水上生財。白虎同至，惹禍招災。

朱雀臨頭，文書已動。事在公門，不與人共。
朱勾疊疊，口舌重重。若無救助，畢竟成凶。
水冷金寒，親戚無緣。求謀未遂，作事遷延。
五行正旺，財利可求。吉神相助，萬事無憂。
土內埋金，功名未遂。或者水多，前行可貴。
人病在床，木被金傷。六神不動，畢竟無妨。
字不出頭，蹭蹬乖蹇。五行有救。漸漸可展。
字無勾踢，人必平安。凶神亂動，好處成難。
末後一筆，一身之原。如無破綻，福壽綿綿。
一字聯絡，骨肉同門。孤懸一點，遊子飄蓬。
金得鑪錘。方成器皿。木無金制，可曰愚農。
木從土出，要人培植。水中浮木，波浪成風。
落筆小心，作事斟酌。小心太過，為人刻薄。
寫來粗草，放蕩之人。筆端熟溜，書記傭工。
字法龍蛇，仕途已往。秀而不俗，文章自廣。
風流筆法，好逞聰明。寫來透古，腹內不空。

墨跡滯澀，學問難誇。一筆無停，定是大家。
燈前窗下，歲月蹉跎。禾麻菽麥，俱已發科。
字無倚靠，不利六親。字無筋節，事可讓人。
直仰兩足，奔波勞碌。擺尾搖頭，心滿意足。
字問日期，切勿妄許。有丁有日，類可說與。
山曰草木，咸不宜冬。星辰日月，乃怕朦朧。
真正五行，不怕相剋。如直用神，求謀易得。
筆法未全，作事多難。行人不至，音信杳然。
水火多源，木枯無枝。子孫宗派，於此可思。
終身事業，我即用神。生我者吉，剋我者凶。
字只兩筆，壽年不一。有撇七二，無撇六一。
字如三筆，亦各有數。常為十六，變為念五。
無勾為變，有勾為常。依斯立法，仔細推詳。
字不出頭，壽增五歲。當頭一點，須減三年。
字若無鈎，添九可求。字如無直，壽當增十。
筆畫過半，須知減點。一點三年，歲數可免。

耳畔成三，口頭除四。明徹斯傳，始精相字。
妙訣無多，功非一日。仔細詳占，萬無一失。

五言作用歌

斷事不可泥，變通方是道。細細察根源，始識先賢奧。
十人寫一字，筆法各不同。一字占十事，情理自然別。
六神無變亂，五行有假真。草木看時節，日月察晦明。
字中有子孫，子孫必不少。詳其盛與衰，便知賢不肖。
我剋不宜多，多必妻重娶。剋我一般多，諧老又可許。
青龍值用神，萬事皆無阻。若是無水澤，猶為受用苦。
白虎值用神，吉事反成凶。官事必受害，疾病重沉沉。
用神見朱雀，利於公門中。君子功名吉，小人口舌凶。
用神見螣蛇，俱是文書動。功名眼下宜，富貴如春夢。
末筆是青龍，萬事不成凶。名利皆如意，行人在路中。
末筆是朱雀，公事有著落。只恐閨門中，有病無良藥。
末筆是勾陳，淹留費苦心。行人音信杳，官訟混如塵。

末筆是螣蛇，遠客即來家。憂疑終不免，官訟苦嗟吁。
末筆是白虎，疾病須憂苦。獄訟必牽纏，出往多攔阻。
末筆是玄武，盜賊須隄防。水上行人利，家中六畜康。
末筆明五行，所用看六神。先定吉凶主，然後字中尋。

別理論

字義渾論，辨別之篇須下學。理研變化，至誠之道可前知。
字同事不同，不宜此而宜彼。事同字亦同，倏變吉而變凶。
設若
中也者，天下之大本，問終身與昆仲無緣。
信乎哉，人間之最要，欲要之於朋友更切。
再如：地天為泰，不遇陽開猶是否。雷火為豊，如逢陰極可云臨。
既虛矣，復反而為盈。既危矣，復還而為安。
時盛必衰，天地不踰其數。治極而亂，聖人能預為防。
先則看其筆端，然後察其字義。須知字義古怪，學問宜深。
筆走龍蛇，崢嶸已過。

龍身草草，非正途顯達之官。豹字昂昂，是執殳荷戈之職。
志無心，定是飄蓬下士。斌不亂，始稱文武全才。
貝邊月下定歸期，足畔口頭人必促。
團團寶蓋，多生富貴之家。濟濟冠裳，定是風雲之客。
無事生非因北字，有錢不享是亨來。
合則婚事難成，力乃功名未妥。
以他人問子，男女皆空。書本姓求官，聲名遠播。
書先覓物終須失，寫望追人定是亡。
馬字偏斜，惟恐落人之局。口頭闊大，定招閑事之非。
青字有人求作主，事可全於丹抄。妙字一女欲于歸，少亦可出閨門。
天字相聯，一對良緣先注定。好字相屬，百年美眷預生成。
丁寸等字，皆才不足之形。占吉之類，乃告不成之象。
香開晨昏揚譽遠，花占百事一番新。
小為本分之人，大是虛名之士。
赤子依親，是每一例可推。大人蓋小，因余倣斯可斷。
貝左一生多享福，空頭半世受孤寒。

東西南北，欲就其方。左右中前，乃擇其地。
一人傍立，求名是佐貳之官。一直居中，占身乃正途之士。
草木逢春旺，魚龍得水舒。
遠字走長人未到，動傍撇短去猶遲。
赤子兒曹之類，必利見大人。公祖父師之稱，則相逢貴人。
子則立身無寸地，永如立志有衣冠。
操為一品之才，飲定大人之食。
之非出往必求財，者不呼盧定六畜。
奇欲立而不可，用非走而不通。
口居中，儼然一顆方印。元落後，前程可定魁名。
體用昂昂，功名之客。性情亟亟，荼苦之儒。
朔邦還未入朝廊，田里多應在鄉黨。
活潑潑鳶魚，是飛騰之象。樂滔滔鳧雁，為流蕩之徒。
川上皆聖賢遊樂之餘，周行是仕宦經由之道。
崔巍遠人猶在望，平安近事不能成。
日小見天長，心粗知膽大。

歸則歸兮歸則止，笑如笑兮笑成悲。
國字謂何？一口操戈在內。爾來何故？五人合夥同居。
火字乃人在水中，一遇羊頭為盡美。
天字是人居土內，出頭一日始逢春。
以餘字問必有，以有字問反無。
龍雖在天在田，看筆跡如何佈擺。師既容民畜眾，察精神始識興衰。
蓋載有人，終享皇家福。傘帶全備，定是極品官。
有撇斷為兄弟，無點莫問兒孫。
工欲善其事而成藝，何不見其人而亦可。
女子並肩生意好，色糸同處病將亡。
字犯歲君之名，災殃不小。書童問卜之日，財利可興。
理中變化深長，此乃規矩方圓之至。
字裏機關悠遠，須認精粗為造化之原。

六言剖斷歌

事從天地之義，字乃聖賢之心。靜裏功夫細閱，其中奧理無窮。

圓融莫測其辨，來去無阻其通。筆法先詳衰旺，得意始定吉凶。
乾枯軟小為衰，清秀堅昂為旺。詳其用神何如，吉凶自然的當。
壽夭定于筆畫，取其多寡為占。字如十筆以上，一筆管之六年。
字如十筆以下，一筆定其九歲。若在五筆之間，一筆管十六年。
筆畫過之十五，兩筆折作一筆。帶草一筆相連，問壽只在目前。
筆跡清而拘束，必然遊庠在學。筆端濁而放蕩，功名必無著落。
寫來筆法圓活，為人處世謙和。筆底停而又寫，為人性慢心多。
舉筆茫無所措，胸中學問不大。若無寫罷復描，行事可為斟酌。
富貴出于精神，英雄定于骨格。末後一筆豐隆，到老人稱有德。
占妻先看其妻，占子先看其子。妻子察其旺衰，據理定其生死。
父兄官災獄訟，父兄要值空亡。如若父兄在數，父兄反見災殃。
一切謀望營求，字要察其虛實。有聲無物為虛，有物可見是實。
書出眼前之物，察其司重司輕。司重斷為有用，司輕大事無成。
納采于歸等事，更要加意推詳。筆畫計其單雙，字義察其陰陽。
假如子字求子，須防日建逢女。子日如畫女字，婚姻百事皆許。
一字筆畫未全，萬事不必開言。字中若有餘筆，必須用意詳占。

先用五行工夫，後窮增減字理。影響毫髮無差，謬則難尋千里。學者變化細推，斷事無不靈應。

格物章

物格而後知致，本末須詳。事來必先見誠，始終可斷。細而長者，以一尺為百年，計寸分而知壽算。方而圓者，以千金比一兩，度輕重以定榮枯。落手銀圈，放蕩一生終不改。出囊珠石，崢嶸半世尚豐盈。[1] 石土不逢時，謂之無用。木金全失氣，枉自徒勞。執墨問功名，研求之苦，日見不足。端鼎比身命，近貴之體，一世非輕。腰下佩觿，所求皆遂。道傍棄核，百事無成。取草問營謀，逢春須茂盛。將銀問財帛，有本恐消磨。

1 「落手銀圈，放蕩一生終不改。出囊珠石，崢嶸半世尚豐盈」或作「落手銀圈，放蕩終不改。出囊珠石，崢嶸自有時」。

素紈無詩，當推結識疏。牙籤托人，畢竟不顧我。
數珠團圓到底，夫妻兒女皆宜。
木魚振作不常，父母兄弟難合。
刀下行人來得快，筆占遠處有施為。
求子息，圓者不宜空。占買賣，長者終須折。
衣衫則包藏骨肉，葬祭之事宜然。絛帶必繫執扇軀，牽纏之事未免。
舟車騾馬，用之則行。婢僕雞鵝，呼之便至。
金扇之類，收有復展之期。烹調之物，死無再生之理。
瓜果問事，破不重圓。棋子求占，散而又聚。
蕩塵理亂，無踰金篦牙籤。釋罪沉冤，俱是何章刀筆。
壺是主人之禮，觴則空而滿，滿而復空。
鎖為君子之防，匙則去而來，來而復去。
文章書籍，非小人用之。筐筥犁耙，豈君子用之。
慣執鞭，所忻慕焉，富而必可求也。
能彈琴，復長嘯爾，樂亦在其中乎。
悞指懸匏，功名少待。折來垂柳，意興多狂。

竹杖龍頭，節義一生無愧怍。
木錐鶯嘴，鑽謀萬物有剛強。
手不釋正業經書，自知道德修諸已。
問不離九流藝術，意在干戈省厥躬。
指庭前向日之花，倏忽坐間移影。
點檻外敲風之竹，晨昏靜裏聞音。
君子執笙簧，陶陶其樂，舌鼓終須不免。
女人拈針線，刺刺不休，心牽畢竟難觸。
出匣圖書行欲方，眼下可分玉石。
執來寶劍心從利，手中立剖疑難。
羽扇綸巾，須知人自山中去。
奇珍異寶，可斷人從海上來。
百草可活人，不識者不可妄用。
六經能裨世，未精者焉敢施為。
指盂中之水，久不耗而則傾。
顧冶內之金，須知積而復用。

事非容易，一首詞，兩下欣逢。
學識淵源，幾句話，三生有幸。
執金學道，借服為聚物之囊。
割愛延師，重身如無價之寶。
明心受業，既行束上之脩。
寄柬傳言，莫廢師尊之禮。
斯其人也，斯其義也，可以為之。
非其重焉，非其道焉，孰輕與爾。

物理論

三才始判，八卦攸分。萬物不離于五行，群生皆囿于二氣。
羲皇為文字之祖，蒼頡肇書篆之端。
鳥跡成章，不過象形會意。雲龍結篆，傳來竹簡漆書。
秦漢而返，篆隸迭易。鍾王既出，真草各名。
其文則見于今，其義猶法于古。
人備萬物之一數，物物相通。

字洩諸人之寸靈，人人各異。
欲窮吉凶之朕兆，先格物以致知。
且云
天為極大，能望而不能親，畢竟虛空為體。
海是最深，可觀而不可測，由來消長有時。
移山拔樹莫如風，片紙遮窗可避。
變谷遷陵惟是水，尺筒無底難充。
小彈大盤，日之遠近不辨。白衣蒼狗，雲之變化非常。
雨本滋長禾苗，不及時，民皆額蹙。
雪能凍壓草木，如適中，人喜豐年。
月行急疾映千江，莫向水中撈捉。
星布循環周八極，誰從天上推移。
露可比恩，壓浥行人多畏。
霞雖似錦，膏盲隱士方宜。
皜皜秋陽，炎火再逢為亢害。
涓涓冬月，寒冰重見愈悽涼。

頑金不懼洪爐，潦水須當隄岸。
霧氣空濛推障礙，電光倏忽喻浮生。
月下美人來，只恐到頭成夢。
雪中尋客去，猶防中道而歸。
白露可以寄思，迅雷聞而必變。
履霜為憂虞之漸，當慎始焉。
臨淵有戰惕之心，保厥終矣。
蝃蝀莫指，閨門之事不宜。
霖雨既零，稼穡之家有望。
陽春白雪，祇屬孤音。流水高山，難逢知己。
至于巖巖山石，生民具瞻。滾滾源泉，聖賢所樂。
瀑布奔衝難收拾，溪流湍激不平寧。
風水所以行舟，水湧風狂舟必破。
雨露雖能長物，雨霆霜結物遭傷。
社稷自有人求，關津誠為客阻。
煙霧迷林中有見，河江出峽去無回。

桃夭娶婦相宜，未利于買僮置畜。
楊柳送行可折，尤喜于赴試求名。
松柏可問壽年，擬聲名則飄香挺秀。
絲羅可結姻好，比人品則倚勢扳援。
荷方出水，漸見舒張。梅可調羹，未免酸澀。
李有道傍之苦，欖餘齒末之甘。
筆墨驅使，時日不長。盆盂裝載，團圓不久。
綆短汲深求未得，戈長力弱荷難成。
屠刀割肉利為官，若問六親多刑損。
利刀剖瓜休作事，如占六甲即生男。
無人棺槨必添丁，有印書函終見拆。
鏊等則骨貯匣中，縱有出時還須入。
算盤則子盈目下，任憑撥亂卻成行。
瓦只慮其難全，杯亦防其有缺。
蓆可捲虛，終歸人下。傘能開合，定出人頭。
釣乃小去大來，樵則任重道遠。

素珠團聚，可串而成。蠟燭風流，不能久固。
針線若還縫即合，鍬鋤如用必然翻。
鑿則損而為材，亦當有鬪。鋸乃斷而成器，豈謂無長。
又若飛走之升沉，亦關人事之休咎。
猢猻被繫，還家終是無期。鸚鵡在囚，受用只因長舌。
鴿乃隨人飲啄，縱之仍入樊籠。馬雖無膽馳驅，用之不離韁鎖。
鯉失江湖難變化，燕來堂屋轉疑難。
訴理伸冤，逢鴉不白。占身問壽，遇鶴修齡。
萬物紛紜，理則難盡。諸人願欲，志各不同。
若執一端以斷人，是猶膠柱鼓瑟。
能反三隅而悟理，方稱活法圓機。
心同金鑑之懸空，妍媸自別。
智若玉川之入海，活潑自如。
鬼谷子曰：「人動我靜，人言我聽。」旨哉斯語，胡可忽諸。

五行六神辨別論

先以五行為主，次向字中詳禍福。
既將六神作用，方觀筆跡察原因。
生剋不容情，莫以字音稱獨美。
宜忌須著意，休將文義恃能言。
勿取吉字言吉，當認吉中多忌煞。
漫將凶字言凶，須詳凶處有元神。
假如青龍與白虎同行，求功名大得其宜。
如庶人得之，反不免相爭之咎。
父母與妻子聚面，問赴選難從其志。若遊子占之，又可觸思遠之憂。
勾陳最忌小金連，惟恐事無間斷。
朱雀若逢傍水剋，須防禍有牽纏。
水在木中流，替人濯垢。木從水中出，脫體猶難。
五行全不犯凶神，問自身，德建名立。
六神動再加吉將，若求官，體貴身榮。

舊事重新，朱螣雙發動。傾家復創，金土兩重臨。
微火鎔金，難成器皿。弱金剋木，反自損傷。
求濟於人，要看水火會合。營謀於眾，還期土木齊登。
金多子多，非土不得。土厚財厚，無火不生。
水冷木孤，弟兄難靠。金寒土薄，祖業漂零。
玄武形，青龍得水，連登兩榜。白虎尾，朱雀銜金，位列三公。
玄武臨淵，時中之雨化。青龍捧日，闕下之雲騰。
水非白而無源，金不秋而失氣。
有勾陳，難結案頭文。見朱雀，想量堂上語。
田下土深，思還故里。月邊水盛，意在歸湖。
玄武居中，出外不宜行陸路。勾陳定位，居官雖在受皇恩。
白虎重重，不敢保今年無事。青龍兩兩，定不是今日燕居。
字中見母母無憂，筆下從兄兄定在。
水土形，青龍翹首，何憂不得功名。
木相金，白虎當頭，畢竟難逃災害。
重重金火不逢時，百事徒勞。疊疊青黃非見日，幾番隆替。

貴顯招土木，萬福皆隆。方體隱龍蛇，千祥並集。
朱勾相合，主唇舌干戈之事。龍虎同行，風雲際會之榮。
玄武不遇火，陰中不美。螣蛇無水渡，郊外生悲。
純土自能生官，福從天至。寒金不但無祿，災自幽來。
天貴專權，問功名必登黃甲。文書不動，赴場闈定值空亡。
問子須求子在爻，占妻定要妻入數。
筆跡孤寒金帶水，六親一個難招。字形豐滿土生金，百歲百年易盛。
看五行之旺弱切記，卜詞訟以官鬼為先。
定六將之機微須知，占家宅以本命為主。
五行俱有，凡謀皆遂。六神不動，萬事咸寧。
細玩辭占，影響無差毫髮。密搜奧義，規繩不爽纖微。

金聲章

混沌未開，一元含於太極無形之始。
乾坤既判，萬物成于文章著見之中。
故未有其事而先有象，可預得其體而兆其來。

所以蒼頡制字，按雲霞蝌斗之文。至賢著書，採隨宜義理而用。
一字之善，千古流傳。半點之疵，萬年不泯。
君子哉，非揮毫而莫辨。小人焉，一執筆而即知。
是以消長盛衰，困極而知變。吉凶禍福，至誠而見神。
寫來江漢秋陽，皜皜乎不可尚已。意在螽斯詵羽，繩繩兮與其宜焉。
惟存好利喜哀，則落筆終須各別。必欲離塵脫俗，而開首自是不同。
若夫煙霧雲霞，則聚散去來神變化。風雷日月，其盈虛消息妙裁成。
鸚鵡等禽，人皆云其舌巧。虎豹之類，誰不懼其張威。
生息蕃盛者，乃稼穡禾苗。與物浮沉者，是江河湖海。
淵中魚躍，水向東流何沮止。天上鳶飛，日從西落四時同。
百獸俱胎脾之生，獨報麟祥之喜。諸禽皆飛騰之物，只言鳳德之衰。
禽之鳴也噪也，有形小體大之分。獸之利也鈍也，有輕清重濁之辨。
香花燈燭，偏宜于朔望之時。鈴鐸鼓鐘，獨可于晨昏之際。
點點滴滴，萬里征衫遊子淚。層層疊疊，九行密線老人心。
至于犬豕牛羊，叱之即便去。雞魚鵝鴨，欲用則不生。
狐貉羔裘，無濟于夏。紅爐黑炭，偏喜于冬。

幽林深圃夜無人，情不誣也。樓閣廳堂時有位，理之必然。
琴劍書箱，可斷儒生負笈。輕裘肥馬，當推志士同袍。
墨有漸減之虞，筆恐久堅而弱。
書成筆架，幾上愁山。寫到硯池，寓中悶海。
如在其上，秋到一天皆皎月。如在其下，春臨遍地產黃金。
揮出琵琶，到底是寫怨之具。描來簫管，終須為耗氣之精。
假如雲雨霧，皆能蔽日之光，天正陰時猶是吉。
又若精氣神，本是扶身之主，人來問病反為凶。
水急流清，意偕游魚濊濊。煙飛篆渺，心從雲樹茫茫。
農家落筆，草盛田禾實不足。商者書箋，絲多交易亂如麻。
紫綬金章，無者不必寫出。蝸名蠅利，有者即便書成。
鎖鑰金湯，必任國家之重寄。羽毛干戚，是祈海甸以清寧。
掛錦揚帆，風順之方必利。舒衾灑帳，雨到之候成歡。
禮樂射御書數，如求一藝可執。孝友睦婣任卹，定其六事皆宜。
草木雨時生而旺，要詳春秋氣候。輈馬行際近而遠，亦揆寒暑光陰。
試看畫餅望梅，何止飢渴。鏡花水月，竟是空虛。

欲造字相之微，請明章中之理。

梅花易數卷之五終

附：宋史邵雍傳

邵雍字堯夫，其先范陽人，父古徙衡漳，又徙共城。雍年三十，遊河南，葬其親伊水上，遂為河南人。

雍少時，自雄其才，慷慨欲樹功名，於書無所不讀。始為學，即堅苦刻厲，寒不爐，暑不扇，夜不就席者數年。已而歎曰：「昔人尚友於古，而吾獨未及四方。」於是踰河、汾，涉淮、漢，周流齊、楚、宋、鄭之墟。久之，幡然來歸，曰：「道在是矣。」遂不復出。

北海李之才攝共城令，聞雍好學，嘗造其廬，謂曰：「子亦聞物理性命之學乎？」雍對曰：「幸受教。」乃事之才，受《河圖》、《洛書》、宓義八卦、六十四卦圖像。之才之傳，遠有端緒，而雍探賾索隱，妙悟神契，洞徹蘊奧，汪洋浩博，多其所自得者。及其學益老，德益卲，玩心高明，以觀夫天地之運化，陰陽之消長。遠而古今世變，微而走飛草木之性情。深造曲暢，庶幾所謂不惑，而非依倣象類，億則屢中者。遂衍宓義先天之旨，著書十餘萬言行於世，然世之知其道者鮮矣。

初至洛，蓬蓽環堵，不芘風雨，躬樵爨以事父母，雖平居屢空，而怡然有所甚樂，人莫能窺也。及執親喪，哀毀盡禮。富弼、司馬光、呂公著諸賢退居洛中，雅敬雍，恒相從游，為市園宅。雍歲時耕稼，僅給衣食，名其居曰「安樂窩」，因自號安樂先生。旦則焚香燕坐，晡時酌酒三四甌，微醺即止，常不及醉也。興至輒哦詩自詠。春秋時出遊城中，風雨常不出，出則乘小車，一人挽之，惟意所適。士大夫家識其車音，爭相迎候。童孺廝隸皆驩，相謂曰：「吾家先生至也。」不復稱其姓字。或留信宿乃去。好事者別作屋如雍所居，以候其至，名曰「行窩」。

司馬光兄事雍，而二人純德尤鄉里所慕嚮，父子昆弟每相飭曰：「毋為不善，恐司馬端明、邵先生知。」士之道洛者，有不之公府，必之雍。雍德器粹然，望之知其賢，然不事表襮，不設防畛，群居燕笑終日，不為甚異。與人言，樂道其善而隱其惡。有就問學則答之，未嘗強以語人。人無貴賤少長，一接以誠，故賢者悅其德，不賢者服其化。一時洛中人才特盛，而忠厚之風聞天下。

熙寧行新法，吏牽迫不可為，或投劾去。雍門生故友居州縣者，皆貽書訪雍，雍曰：「此賢者所當盡力之時，新法固嚴，能寬一分，則民受一分賜矣。投劾何益耶？」

嘉祐詔求遺逸，留守王拱辰以雍應詔，授將作監主簿，復舉逸士，補潁州團練推官，皆固辭乃受命，竟稱疾不之官。熙寧十年，卒，年六十七，贈秘書省著作郎。元祐中賜謚康節。

雍高明英邁，迥出千古，而坦夷渾厚，不見圭角，是以清而不激，和而不流。人與交久，益尊信之。河南程顥初侍其父識雍，論議終日，退而歎曰：「堯夫內聖外王之學也。」

雍知慮絕人，遇事能前知。程頤嘗曰：「其心虛明，自能知之。」當時學者因雍超詣之識，務高雍所為，至謂雍有玩世之意。又因雍之前知，謂雍於凡物聲氣之所感觸，輒以其動而推其變焉。於是摭世事之已然者，皆以雍言先之，雍蓋未必然也。

雍疾病，司馬光、張載、程顥、程頤晨夕候之。將終，共議喪葬事外庭，雍皆能聞眾人所言，召子伯溫謂曰：「諸君欲葬我近城地，當從先塋爾。」既葬，顥為銘墓，稱雍之道純一不雜，就其所至，可謂安且成矣。所著書曰《皇極經世》、《觀物內外篇》、《漁樵問對》，詩曰《伊川擊壤集》。

子伯溫，別有傳。

秀威經典　　哲學宗教類　PA0091　生命樹02

梅花易彙通

作　　者／郭和杰
封面書法／郭允中
責任編輯／杜國維
圖文排版／楊家齊
封面設計／王嵩賀

出版策劃／秀威經典
發 行 人／宋政坤
法律顧問／毛國樑　律師
印製發行／秀威資訊科技股份有限公司
114台北市內湖區瑞光路76巷65號1樓
電話：+886-2-2796-3638　傳真：+886-2-2796-1377
http://www.showwe.com.tw
劃撥帳號／19563868　戶名：秀威資訊科技股份有限公司
讀者服務信箱：service@showwe.com.tw
展售門市／國家書店（松江門市）
104台北市中山區松江路209號1樓
電話：+886-2-2518-0207　傳真：+886-2-2518-0778
網路訂購／秀威網路書店：http://store.showwe.tw
國家網路書店：http://www.govbooks.com.tw

2017年9月　BOD一版
定價：550元

國家圖書館出版品預行編目

梅花易彙通 / 郭和杰著. -- 一版. -- 臺北市 :
秀威經典, 2017.09
面； 公分. -- (哲學宗教類 ; PA0091)
(生命樹 ; 2)
BOD版
ISBN 978-986-94998-4-2(平裝)

1. 易占

292.1 106013866

讀者回函卡

感謝您購買本書，為提升服務品質，請填妥以下資料，將讀者回函卡直接寄回或傳真本公司，收到您的寶貴意見後，我們會收藏記錄及檢討，謝謝！

如您需要了解本公司最新出版書目、購書優惠或企劃活動，歡迎您上網查詢或下載相關資料：http:// www.showwe.com.tw

您購買的書名：________________________________

出生日期：________年________月________日

學歷：□高中（含）以下　□大專　□研究所（含）以上

職業：□製造業　□金融業　□資訊業　□軍警　□傳播業　□自由業

□服務業　□公務員　□教職　□學生　□家管　□其它_____

購書地點：□網路書店　□實體書店　□書展　□郵購　□贈閱　□其他

您從何得知本書的消息？

□網路書店　□實體書店　□網路搜尋　□電子報　□書訊　□雜誌

□傳播媒體　□親友推薦　□網站推薦　□部落格　□其他________

您對本書的評價：（請填代號　1.非常滿意　2.滿意　3.尚可　4.再改進）

封面設計____　版面編排____　內容____　文/譯筆____　價格____

讀完書後您覺得：

□很有收穫　□有收穫　□收穫不多　□沒收穫

對我們的建議：________________________________

____

____

____

請貼
郵票

11466
台北市內湖區瑞光路 76 巷 65 號 1 樓
秀威資訊科技股份有限公司　收
BOD 數位出版事業部

（請沿線對折寄回，謝謝！）

姓　名：＿＿＿＿＿＿＿＿　年齡：＿＿＿＿　性別：□女　□男

郵遞區號：□□□□□

地　址：＿＿＿＿＿＿＿＿＿＿＿＿＿＿＿＿

聯絡電話：(日)＿＿＿＿＿＿＿＿　(夜)＿＿＿＿＿＿＿＿

E-mail：＿＿＿＿＿＿＿＿＿＿＿＿＿＿＿＿